Sammlung Luchterhand 457

Franz Hohler
Ein eigenartiger Tag
Lesebuch

Luchterhand

Sammlung Luchterhand, April 1983
2. Auflage Oktober 1983

Lektorat: Klaus Siblewski
Umschlaggestaltung: Kalle Giese, Darmstadt
Herstellung: Martin Faust
Gesamtherstellung bei der
Druck- und Verlags-Gesellschaft mbH, Darmstadt
ISBN 3-472-61457-9

Ein eigenartiger Tag

Welch ein eigenartiger Tag! Welch ein eigenartiger Tag! Es regnet geradezu übertrieben! Am Bahnhof Meilen, wohin ich mit dem Auto fahre, sind alle Parkplätze besetzt, ich überlege mir, ob ich unkorrekt in die blaue Zone soll, oder ob ich mit dem Auto nach Zürich soll, wie alle, die ein Auto haben, aber ich will nicht sein wie die, die ihr Auto unkorrekt in die blaue Zone stellen und auch nicht wie die, die mit dem Auto nach Zürich fahren, also fahre ich, dem Zug um weniges voraus, nach Feldmeilen, verlange dort schnell ein Billett und einen Parkschein für das Auto, denn das braucht man, wenn man den Wagen im Verkehr mit der SBB länger als 30 Minuten stehen lassen will, dieser Parkschein muß aber unbegreiflicherweise vom Schalterbeamten zuerst ausgefüllt werden, währenddessen fährt schon der Zug ein, ich springe zum Auto, lege den Parkschein gut sichtbar unter die Windschutzscheibe, eile dann in langen Sätzen die Unterführung hinunter und hinauf auf das Perron, wo sich die Türen soeben automatisch zischend geschlossen haben, ich reiße eine Türe nochmals auf, wogegen sich das Blockierungssystem in der für diesen Fall vorgesehenen Weise zur Wehr setzt, aber ich bin stärker und bin im Zug, in dessen erstes Coupé ich mich setze, einer unbeweglichen Frau gegenüber. Kaum fährt der Zug, kommt mir in den Sinn, daß ich ja, um mich korrekt zu verhalten, das Billett am automatischen Billettentwerter hätte entwerten müssen und denke, dann tu ich das halt an der nächsten Station, ich will nach dem Billett greifen, weiß aber nicht, wohin ich da greifen soll, weil mir jede Erinnerung an das Billett fehlt. Da ich Kleidungen mit vielen Taschen bevorzuge und auch eine Einkaufstasche mit mehreren aufgenähten Taschen bei mir habe, durchsuche ich nun der Reihe nach alle meine

Taschen, zuerst tastend, dann, indem ich den Inhalt herausnehme und betrachte, die unbewegliche Frau rührt sich nicht, aber ich fühle, daß sie durch meine Unruhe beeinflußt wird. Diese Suche breche ich erst ab, als in Küsnacht ein Bekannter von mir einsteigt, dem ich von der Erfolglosigkeit meines Tastens, Herausnehmens und Betrachtens erzähle, und vor allem davon, daß es das Billett ist, das ich suche, und nun scheint mir, der unbeweglichen Frau falle ihre Unbeweglichkeit wieder leichter. Der Bekannte besitzt ein Generalabonnement und erzählt mir, wie er es kürzlich verloren und später von einem Taucher, der es in der Limmat gefunden habe, wiederbekommen habe, und wie sich viele Taucher ihren Tauchsport dadurch finanzierten, daß sie in der Limmat nach verlorenen Dingen tauchten, oder nach im Überschwang weggeworfenen, wie z. B. Zinngeschirr entlang den Zunfthäusern, am Tag nach dem Sechseläuten.
Warum soll ich mir, denke ich am Bahnhof Stadelhofen, wo ich den Zug, ohne daß ich einer Billettkontrolle unterlaufen wäre, verlasse, warum soll ich mir für die Tramfahrt keine Zeitung kaufen? Ich kaufe mir keine Zeitung, halte mein Tramabonnement in den automatischen Billettentwerter, der ihm ein Eckchen abhaut und gleichzeitig die nötigen Angaben über Datum und Ausgangspunkt der Fahrt draufstempelt, steige ins Tram und schaue zum Fenster hinaus, lese auch die Aufschriften an den Häusern, vergesse sie aber sofort wieder, außer zwei Hausnummern, 293 und 295.
Ich steige aus und gehe in die Yogastunde, die mir eine Lehrerin erteilt, nehme seltsame Stellungen ein und versuche mich dabei so zu konzentrieren, daß ich nicht mehr daran denke, daß ich seltsame Stellungen einnehme.
Auf der Rückfahrt im Tram steht ein fremdsprachiger Mann bei einer Haltestelle lange auf dem Trittbrett, das sich sonst automatisch nach oben klappend schlösse, und

ruft seiner Frau in der fremden Sprache Anweisungen zu, wie sie den Billettautomaten behandeln müsse, da sagt ein alter Mann mit einem Mützchen sehr laut: »So chumm, schtig ändlech y!« und ein anderer, auch alter: »Chumm, chumm!«, aber die Frau wirft immer noch kleine Münzen ein, und der Mann getraut sich nicht mehr, länger auf dem Trittbrett seines Gastlandes zu stehen, und im Abfahren sieht man noch, wie sich seine fremdsprachige Wut auf die Frau ergießt.

In der Papeterie, die ich für die beste Zürichs halte, verlange ich dunkelgelbes Umdruckpapier, d. h. soll ich das jetzt erzählen, angesichts des Elendes dieser Welt, doch, doch, es ist schließlich wahr, und was wahr ist, kann man auch erzählen, dieses Umdruckpapier nämlich, das mir die ältere Verkäuferin in einem Musterkatalog zeigte, mußte im Keller geholt werden, und bevor sie es holen konnte, verlangte ich noch selbstklebende A 4-Couverts von einer Art, wie sie fast nur die Papeterie führt, die ich für die beste Zürichs halte, ein Couvert aber, das den wenigsten Verkäuferinnen dieser Papeterie bekannt ist, so daß ich sie immer mit sanfter Beharrlichkeit auf die mir bereits bekannte Stelle im Musterkatalog hinführen muß. Aha, sagt die ältere Verkäuferin und muß diese Couverts auch im Keller holen. Als sie zurückkommt, bringt sie außer den Couverts ein häßliches, sogenanntes Kanariengelb und sagt, das goldgelbe sei ausgegangen. Es fällt mir nun auf, daß das Papier sehr dick ist, 160 g, ich brauche aber normales, 80grämmiges, sie geht also nochmals und kommt nach langer Zeit nochmals mit einer kanariengelben Schachtel zurück, da auch das 80grämmige goldgelbe Umdruckpapier ausgegangen ist, es sei unheimlich, flüstert mir die Verkäuferin zu, was im Keller alles fehle, und sie gebe mir jetzt diese 500 Stück zu einem niedrigeren Preis, nämlich dem, den 500 Stück kosten würden, wenn man 1000 nähme. Im Katalog, den ich für sie lesen muß,

weil sie die Brille verlegt hat, steht bei 500: Fr. 23.10, und bei 1000: Fr. 21.90, womit der Preis für 500 Stück gemeint ist, wenn man 1000 nimmt, die Verkäuferin teilt ihn aber nochmals durch zwei und kommt auf Fr. 10.90, wogegen ich, da ich finde, die Papeterie, die ich soeben noch für die beste Zürichs hielt, verdiene einen Denkzettel, nichts einwende.
Nun will ich nach Hause telefonieren und mitteilen, daß ich in der Stadt zu Mittag esse, weil ich beim Papiereinkauf zuviel Zeit verloren habe. In eine Telefonkabine vor der Zentralbibliothek biegt gerade ein Bibliotheksbenützer ein, der mir um ein kleines zuvorkommt, ich wende mich um und sehe, daß ich eben an der Post Mühlegasse vorbeigegangen bin und daß dort eine Kabine offensteht, eine Kabine, von der aber, wie ich drauf zugehe, auch eine andere Person angezogen wird, hineingesogen fast, die Tür schließt sich weich und unerbittlich hinter ihr. Ich beschließe, vor dieser Kabine zu warten, setze mich auf die Treppe und ziehe, da plötzlich die Sonne scharf scheint, eine Sonnenbrille an, die ich bei mir habe.
Einer, den ich kenne, geht nun an mir vorbei und wirft etwas, das wie ein Brief aussieht, in einen Schlitz am Postgebäude, über dem steht KEIN BRIEFEINWURF. Ich rufe ihm einen Gruß zu, aber er bezieht ihn nicht auf sich, Kurt! rufe ich lauter, als er an mir vorbeigeht, er schaut mich an, ohne mich zu erkennen, he! rufe ich, aufdringlich laut, stehe auch auf, ziehe die Sonnenbrille aus, behalte die Mütze und den Bart an, jetzt kennt er mich, ich frage ihn, ob er wisse, daß das kein Briefeinwurf gewesen sei, und ob er essen gehe. Er weiß, daß das kein Briefeinwurf gewesen ist und geht nicht essen, sondern nach Hause, zum Erziehen, sagt er, ich frage, ob er die Frau oder die Tochter erziehe, er sagt, die Frau lasse sich nicht mehr erziehen, die Tochter bald nicht mehr, trotzdem erziehe er immer wieder.

Nun wird die Kabine frei, ein anderer biegt um die Ecke, nein, rufe ich, jetzt habe ich lange gewartet, und fasse die Kabinentür, doch der andere wollte gar nicht in die Kabine, sondern in die Post, merkt aber, wohl etwas verwirrt durch meinen Zuruf, nicht, daß diese schon geschlossen ist und prallt voll in die Türe hinein. Ich muß meinen Platz halten und winke dem, den ich kenne, diesem Kurt somit, zu, ich muß telefonieren, rufe ich, er steigt auf ein Velo, er fährt also Velo, denke ich, und rufe zu Hause an, wo mein Sohn abnimmt, sage ihm, daß ich nicht komme, meine Frau kommt auch noch schnell, gleichzeitig mit einer andern Frau, welche die Türe der Kabine aufreißt und sofort wieder zumacht, ich werfe noch einen Zehner ein, merke aber, als die Verbindung im Abschiednehmen unterbrochen wird, daß ich ihn nicht eingeworfen habe, sondern immer noch in der Hand halte.

Entschuldigen Sie, ich habe Sie nicht gesehen! ruft mir ein Mädchen entgegen, als ich, geblendet, hinaustrete. Ich entschuldige, ohne zu wissen was, und erst nachher wird mir klar, daß das die Frau ist, welche in die Kabine eindringen wollte, als ich mit meiner Frau sprach.

Was für ein eigenartiger Tag. Die Buchläden legen die Herbstproduktionen aus wie frisches Obst, ich kaufe den neuen Handke und beginne ihn, als ich mich im »select« gesetzt und ein Schnitzel »Frascati« bestellt habe, sogleich zu lesen, dabei fällt mir auf, daß ich die meisten Bücher von Handke irgendwo unterwegs lese, das »Wunschlose Unglück« in einem jugoslawischen Restaurant in Würzburg und den »Hereinbrechenden Augenblick« (oder was war das?) in einem Hotel in Stuttgart, die erste Hälfte, und die zweite Hälfte in einem Gasthof in Rottweil, und daß ich mich dann jeweils weniger allein gefühlt habe. Der Wirt wirft zwei Burschen hinaus, mit kleinen, widerlichen Handbewegungen, warum, ist nicht klar, auch sehe ich

zum erstenmal, daß es hier einen Wirt gibt und nicht nur Serviertöchter. Draußen schauen sich Leute nach anderen Leuten um, schauen auch durchs Fenster hinein, beiläufig, ob sie jemanden kennen. Wir sind drei am Tisch, drei, die nicht miteinander sprechen, ich, ein Mann und eine blonde Frau um die vierzig, die hat ihren Blick wie einen Stolperdraht über die Straße gespannt, jetzt läuft einer hinein, ein Neger, bleibt stehen, lächelt erkennend durch die Scheibe, deutet graziös und fragend auf den leeren Sitz neben ihr, sie bestätigt die Leere, und der Neger kommt herein. Wie verwandelt sind doch die Leute, sobald sie sprechen, die Sprache ist wie ein Prinz, der sie aus dem Dornröschenschlaf wachküßt. Die beiden sprechen englisch zusammen, man kann lang lesen dazu, man muß doch hinhören, man muß, wenn man daneben sitzt, und die Leute merken es, alles, was sie sagen, ist zwar für den Zuhörer, den sie kennen, aber auch noch ein bißchen für den Zuhörer, den sie nicht kennen, I don't think I can stand the life here, sagt sie zum Neger, den sie offenbar von London her kennt, erzählt von diesem traurigen Zürich, von Drogen- und Alkoholfällen, obwohl sie nicht der Typ ist, der aufmunternd-solidarische, dem solche Fälle über den Weg laufen, und draußen schauen sich immer noch Leute nach anderen Leuten um, als ob Zürich keine traurige Stadt wäre, und im Buch haben sich die zwei schon getrennt, überraschend und doch vorauszusehen, und ein Kind spielt auch eine Rolle, wie schon früher, und einer sagt, als er sich in den Mantel hineinmurkst, na drei Wuche, und ich bi uf Null une.
Truffes du jour, lese ich, als ich wieder zum Bahnhof Stadelhofen gehe, der wie ein arabischer Radiosender neben dem Restaurant »Olivenbaum« steht, ich gehe in den Laden, verlange die angebotenen Quantitäten zu sehen, hat es helle *und* dunkle drin, frage ich beim 150 g-Päcklein, ja, sagt die Verkäuferin, aber ich kann Ihnen

auch nur helle abfüllen, ja, sage ich, geben Sie mir nur helle, 150 Gramm, Sie können auch eins probieren, sagt sie, es ist Degustation heute, und weist dabei auf drei Degustationsexemplare, die auf dem Ladenglas stehen, sie sind aber alle dunkel, oh, sagt die Verkäuferin, die sind ja alle dunkel, und legt mit einer Zange ein helles dazu, ich danke und möchte keins degustieren, wirklich nicht, wir sind beide etwas verlegen, sie, weil sie zu höflich war, ich, weil ich zu wenig höflich war, ich sehe, daß sie mir, obwohl der Zeiger der Waage auf 150 g steht, noch ein weiteres Stück hineintut, ohne es aber zu erwähnen, doch sie muß merken, daß ich es gemerkt habe, ohne daß ich es erwähne.
Der SBB-Beamte, bei dem ich jetzt nochmals ein Billett für die Rückfahrt nach Feldmeilen lösen will, sagt jedem einzelnen vor mir, er hätte das Billett ebensogut am Automaten lösen können, ich will jetzt von einer solchen Bemerkung auf keinen Fall betroffen werden und verlasse die Reihe, gehe zum Automaten, wo ich durch richtiges Drücken und richtiges Einwerfen der richtigen Münzen das richtige Billett bekomme, dieses auch am Automaten entwerte und in den Zug einsteige.
Auf der Fahrt nach Feldmeilen scheint die Sonne auf eine von grauen Wolken bestimmte Seelandschaft mit hervorstehenden Häusern, und im Buch bekommt die Frau, die jetzt mit dem Kind allein lebt, Besuch von ihrem Vater.
Als ich in Feldmeilen aussteige und mit meiner Tasche zum parkierten Auto gehe, stehen ein paar Leute um ein anderes parkiertes Auto und reden zusammen von Ferien in Ascona, als ob nichts wäre.

Die Asamkirche

Heute möchte ich einmal die Asamkirche ansehen, damit ich genau so wie der Bekannte, dem ich gestern meine Absicht mitteilte, diese Kirche zu besuchen, in einem ähnlichen Fall, das heißt, wenn mir jemand sagen würde, er möchte diese Kirche besuchen, oder wenn mich gar jemand fragen würde, ob es sich lohne, diese Kirche zu besuchen, damit ich also dann, wie jener Bekannte, nicken kann und sagen: Ja, die Asamkirche ist sehr schön.
Unterwegs komme ich an einer riesigen Grube vorbei, deren Bauherr die Bayerische Staatsschuldenverwaltung ist, wie ich auf dem Schild daneben lese. Erst jetzt wird mir bewußt, daß auch Schulden verwaltet werden müssen, wie Vermögen, und daß dafür Leute beschäftigt werden müssen, die in Häusern an Schreibtischen sitzen und dauernd an diesen Schulden herumrechnen, so wie es Leute gibt, die dauernd an den Vermögen herumrechnen, ja, daß wahrscheinlich Schulden und Vermögen irgendwie das gleiche sind.
In der Innenstadt gerate ich, dem Sog der Leute folgend, in die schön angestrichene Gegend, welche nur Fußgängern offen ist und höre hier das Geräusch der unzähligen Schuhe, welche diesen Boden gehend, schlurfend oder eilend berühren. Alle Schritte zusammen tönen ausgesprochen zielbewußt.
Da ich nicht genau weiß, wo die Asamkirche ist, trete ich in die erste Kirche ein, die mir weniger durch ihre Fassade als durch den aus ihrer geöffneten Türe ausströmenden Geruch aufgefallen ist. Den Stil erkenne ich sogleich als klassizistisch, es kann also nicht die Asamkirche sein, die mir als barock bekannt ist. Das Muster des Deckengewölbes erscheint mir wie ein Vorläufer zu den Konkreten, zu Bill zum Beispiel, um nur einen zu nennen, da ich keinen

anderen weiß. Diese Kirche wird tatsächlich zum Beten benutzt, es hat Leute, die hineinkommen und kurz hinknien, ich gehe also wieder hinaus.

In einem Schaufenster bemerke ich, wie dumm ich in meiner an den Enden leicht nach unten gebogenen grünlichen Polaroid-Sonnenbrille aussehe, die ich mir kürzlich gekauft habe, und nehme sie wieder ab. Etwas später allerdings frage ich mich, warum ich eigentlich nicht dumm aussehen soll, und setze sie wieder auf.

Im Eingangsraum der nächsten Kirche, die auch wieder nicht die Asamkirche ist, bietet mir ein schöner junger Priester einen Prospekt über die Marianische Kongregation an, den ich nehme, aber nicht lese.

Auf den platzartigen Erweiterungen der Straße hat die Stadt München Stühle hingestellt, auf die man sich setzen kann, wenn man müde ist oder wenn man sich einfach einen Moment setzen will. Ich will mich einfach einen Moment setzen, bin aber nicht müde und stehe bald wieder auf.

Beim Karlstor lasse ich mich von der Rolltreppe in die große Unterführung hinabbringen. Wenn man noch einen Stock tiefer will, führt einen die Rolltreppe unter einer Reihe von durchsichtigen Telefonkabinen durch, in denen Leute in verschiedenen Stellungen und mit verschiedenen Handtaschen nachdrücklich in die Muscheln zu andern, hier nicht sichtbaren Leuten sprechen, die irgendwo anders ebenfalls in verschiedenen Stellungen, wenn auch vielleicht ohne Handtaschen, zuhören, was die Leute über den Rolltreppen unter dem Karlstor gerade zu sagen haben, ihnen vielleicht auch etwas erwidern, was die Leute in den durchsichtigen Kabinen wiederum zu einer Antwort zwingt, oder auch nur dazu, noch mehr Münzen in den Apparat zu drücken.

Andere Leute verpflegen sich hastig an den Imbißständen, indem sie diesen Ständen den Rücken zukehren und leicht

vornübergebeugt in irgend etwas Heißes beißen, das sie gerade gekauft haben. In den Ständen selbst werden längliche Brötchen auf Metallstangen gespießt, bevor man sie mit Würstchen ausstopft und Leuten wie den eben erwähnten zum Verzehr anbietet.
An einem zugigen Aufgang stehen zwei dunkle Mädchen und halten todesmutig die italienische Ausgabe des »Wachtturmes« vor sich hin.
Hier unten wirken die Leute noch zielbewußter, alle streben einer bestimmten Rolltreppe zu. Ich komme an einem Informationsbüro vorbei, verlange zuerst einen Stadtplan und lasse mir dann darauf zeigen, wo die Asamkirche ist. Das Fräulein zeichnet den Punkt an und macht auch ein Kreislein um die Stelle, wo sie mir gerade dieses Kreislein macht. Hier sind wir, sagt sie dazu, mit einer angenehmen Betonung auf wir.
Die Sauberkeit bei der Umhergeherei von soviel Leuten ist eigentlich erstaunlich. Die wenigen Bettler haben Mühe, die für Bettler typischen Eckchen zu finden, man hat das Gefühl, sie müssen sich richtig zusammenfalten, um noch ins Bild zu passen.
Später, der Sendlinger Straße zustrebend, auch ich jetzt mit einem Ziel, sehe ich auf einer Treppe, von einigen Menschen umstanden, eine hingefallene Frau, der beim Sturz die Brille zerbrochen ist und die nicht mehr aufstehen kann, ein Wagen der Polizei hält soeben an und ein Mann informiert den aussteigenden Polizisten über die Einzelheiten des Sturzes dieser Frau.
Jetzt habe ich die Asamkirche erreicht und trete ein. Sie ist sehr schmal und wird gerade renoviert, ist daher innen fast vollständig mit einem Gerüst ausgefüllt, wodurch sie noch schmaler wirkt. Einige Arbeiter besprechen sich gerade über das weitere Vorgehen bei der Renovationsarbeit.
Nachher gehe ich essen und breite eine hauchdünne Papierserviette über meine Knie, auf welcher steht »Die

Familie Schneele wünscht guten Appetit«. Ich stelle mir eine ganze Familie vor, die freundlich nickend meinen Tisch umringt und esse eher unruhig.
Vor dem Fenster, an dem ich sitze, läßt sich am Tisch im Freien ein altes Ehepaar nieder, und der Mann nimmt einen Igel aus der Tasche, den die beiden offenbar als Haustier halten, läßt ihn auf dem Tisch spazieren, die Frau drückt ihn an die Wange und streichelt ihn, und sofort stehen Passanten still und beginnen mit den Igelhaltern über den Igel zu sprechen. Beim Hinausgehen höre ich, daß der Igel »Mecki« heißt.
Ein Invalider rollt in einem Stuhl auf zwei sitzende Frauen zu und bietet ihnen große Postkarten zum Kauf an, die man als Briefe frankieren muß.
Für den Haushalt ist diese Größe handlicher, sagt eine Verkäuferin an einem Stand, und nachher, als ich eine Kinokarte löse, fragt mich die Kassiererin, für die Flasche? Der Film heißt »Die große Flasche«, außer ein paar Kindern und mir sitzt niemand drin, und im Vorspann wird unter anderem ein Mann erwähnt, der für »Continuity« verantwortlich ist, also wohl für die Kontinuität, das sehe ich zum erstenmal.
»Hinterstellte Räder werden entfernt« lese ich noch an der Wand eines Bank- oder Verwaltungsgebäudes, als ich gegen Abend in die Amalienstraße zurückgehe.

Die Hochzeit

Die Hochzeit, zu der ich mich begab, fand in einem Bergrestaurant in Magglingen statt.
Ich fuhr deshalb zuerst mit dem Zug nach Biel.
Es war Samstag, August, ein Sommerschlußtermin, und der Zürcher Hauptbahnhof war voll von Heimreisenden, vor allem von Ferienkolonien oder aus Lagern zurückkehrenden Gruppen jugendlicher Menschen mit Hemden, die entweder einheitlich grün, blau oder braun waren oder sonstwie erkennen ließen, daß die Träger für das Gute waren. Eine solche grüne Gruppe spielte aus einem abfahrenden Zug heraus ein Trompetenstück, mindestens zu sechst, was in der Bahnhofhalle sehr eindrücklich klang.
Schräg gegenüber von mir saß ein Jüngling mit einer Gitarre und einem Traggestellrucksack. Als er in Aarau ein Mädchen auf dem Perron sah, das auch aus unserm Zug ausgestiegen war, lief er an mein Fenster und rief ihm »Tschau!« zu, und ich spürte auf einmal die ganze Bahnhofunterführungsmelancholie von früher, wenn man aus einem Skilager oder von einer Schulreise heimkam, und alles war zu Ende, die Eltern standen da und holten einen ab, und die kleine kollektive Erwachsenheit ging wieder in Obhut über. Ein Mädchen gab es, ein gleichaltriges, das wurde nie von seinen Eltern abgeholt. Dieses Mädchen habe ich immer ein bißchen geliebt, und ich könnte viel von ihm erzählen, aber wir wollen ja jetzt an diese Hochzeit.
Die eigentliche Zeremonie ist übrigens im Moment, wo wir im Zug sitzen, schon im Gange, und zwar wird die Trauung auf einem gemieteten Schiff auf dem Bielersee vollzogen. Ich gehe nur an den Hochzeitsabend.
Unterwegs lese ich einen Artikel über den Migros-Chef Pierre Arnold und entdecke darin die Antwort auf die

Frage, die mir mein Sohn kürzlich gestellt hat: Was heißt eigentlich Migros? Es heißt MIttelgroß/halbenGROS. Ich glaube aber nicht, daß ich das meinem Sohn noch erklären werde.
In Olten steigt der junge Gitarrenmann aus und eine alte Frau ein, die sich minutenlang zum Fenster hinaus von einer anderen alten Frau verabschiedet, es bleibt ihr auch nichts anderes übrig, da der Zug minutenlang hält und die andere Frau auf keinen Fall weggehen würde, bevor der Zug abgefahren ist. Die Frau im Zug fragt die andere, mit welchem Bus sie heimfahre, und ihre französische Aussprache dieses Wortes erinnert mich daran, daß ich in die Westschweiz fahre, dort sagen die Leute Büs, meine Großmutter, die in Biel wohnte, hat immer Büs gesagt, vielleicht ist dies sogar ein sprachliches Kennzeichen der Nordwestschweiz, denn in Bern sagt man Böss. Wäre ich Sprachforscher, würde ich dem jetzt nachgehen, da ich jedoch keiner geworden bin, genügt mir die Vermutung.
Bei der Fahrt über die Gäubrücke schaue ich, ob jemand vom Chessiloch die Aare hinunterschwimmt, wie wir das als Buben getan haben, aber ich sehe niemanden. Früher wäre an einem Tag wie heute die Aare voller Schwimmer gewesen. Ich überlege mir, was das eigentlich heißt, früher, und merke, daß das für mich heißt, etwa vor 25 Jahren. Aber es macht mich nicht traurig oder wehmütig oder nachdenklich, sondern es gefällt mir, ich werde gern älter.
In Egerkingen sehe ich neben der Bahn ein Schienenlager, das ich noch nie gesehen habe. Überhaupt hat es entlang der Bahnlinie viele Gelände, auf denen irgend etwas gelagert wird. In Oensingen z. B. befindet sich vor einem Militärgebäude ein Stacheldrahtlager.
Bei der Durchfahrt durch Niederbipp denke ich an Gerhard Meier und versuche mit einem Blick auf den Kiosk hinter dem Bahnhof auszumachen, ob seine Frau dort

gerade Dienst hat, aber der Zug fährt zu schnell. Bei den Tanklagern gleich hinter Niederbipp kommt mir in den Sinn, was mir einmal ein Korrosionsschutzfachmann gesagt hat, nämlich, daß diese Tanklager ohne die vorgeschriebenen Sicherungen gebaut wurden und daß man die Baubewilligung dazu erhalten habe, indem man die Bauweise als neuen Versuch ausgab. Solche Geschichten stimmen fast immer.

In Solothurn steigt ein alter Mann ein, den die alte Frau kennt. Sie läßt ihren Schicksalsroman sinken und beginnt mit ihm zu schwatzen. So erfahre ich, daß sie im Oltner Kantonsspital ihren Schwager besucht hat, der einen Schlaganfall gehabt hat. Es sei, sagt sie wörtlich, auf der Waagschale, man wisse nicht, welchen Weg es gehe. Wie alt denn der Schwager sei, fragt der alte Mann, 72, sagt die Frau, dasch noni so alt, sagt der Mann, und man merkt, daß er älter ist, einiges älter.

Die Eisenbahn wird mehr und mehr zum Transportmittel der ganz Jungen und der ganz Alten, die mittlere Generation, die sagen kann, früher, und damit meint, vor 25 Jahren, diese Generation fehlt beinahe vollständig, kaum einer, der den wirklichen Fahrpreis zahlt, alle alten Leute schlagen fast triumphierend ihr Halbtaxabonnement auf, das sie schon lange vor dem Erscheinen des Kondukteurs in der Hand halten oder auf das Fenstertischchen gelegt haben. Plötzlich kommt mir ein Wort in den Sinn: Halbtaxleute.

In Grenchen steigen die beiden aus, die Frau wohnt in Moutier und muß umsteigen, der Mann wohnt in Grenchen.

Ich gehe auf die Toilette und sehe unter dem Sitzbänklein vis-à-vis der Toilettentür eine Migrospapiertragtasche, über deren Inhalt eine zweite Migrospapiertragtasche gestülpt ist, das ganze ziemlich zerknittert und verwahrlost. Wie, denke ich, wenn darin eine Bombe wäre, die jetzt dann losgeht? Der Gedanke bleibt eine

Weile und wird langsam zum Gefühl, ich frage mich, ob das ein Gefühl ist, das ich ernstnehmen muß und dem ich mindestens durch einen Platzwechsel in den hinteren Wagen nachgehen soll, aber ich bleibe sitzen.
Zu Recht, wie sich in Biel zeigt, als die Tragtasche von einem pfarrerähnlichen schmalen Mann an sich genommen wird. Was von dann an mit ihr geschah, weiß ich allerdings nicht. Ich ging zum Magglingerbähnchen hinüber, das bei meinem Eintreffen soeben abgefahren war.
So setzte ich mich in die Gartenwirtschaft »Paradisli« neben der Talstation, wo ein Schild mitteilt, daß Grock hier 1893 gelebt habe. Ich habe Grock noch auftreten sehen, vor 25 Jahren oder noch mehr und wundere mich, daß er 1893 schon gelebt hat, und ausgerechnet in diesem Gartenrestaurant. Es wird gerade ein kleines Sommerfest abgehalten, dessen Hauptattraktion ein Eglifiletstand ist und ein Glücksradbetrieb, bei dem man Topfblumen gewinnen kann. In der Zeit, in welcher das Glücksrad ruht, hört man über einen Lautsprecher ein Volksliedpotpourri mit dem Trio Eugster. Ich trinke ein Rivella, nehme kein Los und gehe auf das nächste Bähnchen.
Mein Halbtaxabonnement (ich habe auch eins) ist hier nicht gültig, nur die AHV-Halbtaxabonnemente. Ihr letztes Gesuch, sagt der Seilbähnler, sei abgelehnt worden von der SBB, wegen der Finanzknappheit, denn die SBB müßten ihnen ja dann etwas zahlen, wenn sie das Halbtaxabonnement auch anerkennten, und das sei jetzt offenbar wegen der Finanzknappheit nicht möglich, was er persönlich aber bedaure. Ich nehme das zur Kenntnis und lasse mich zum vollen Preis hinaufziehen.
Das Hotel habe ich vom Bahnhof in Biel aus telefonisch reserviert, ich bekomme ein Zimmer im Nebengebäude, das sonst der PTT für Schulungszwecke dient.
Dann mache ich mich durch die eidgenössische Turn-, Sport- und Leistungslandschaft auf zur Hohmatt. Drei-

viertel Stunden seien es schon, meint die Hotelsekretärin, die etwas überrascht ist, daß ich nicht mit dem Auto da bin. Die Zeitangaben der Ortsansässigen nehme ich nie sehr ernst. In einer halben Stunde bin ich bei der Bergwirtschaft, nachdem ich der Versuchung widerstanden habe, zu einem Weiler abzubiegen, der »End der Welt« heißt. Einen solchen Namen kann ich nicht ohne Rührung lesen, besonders auf einem gelben Wanderwegweiser mit einer Zeitangabe: 10 Min. Eine hochzeitlich gekleidete Dame frage ich, ob sie zur Hochzeit gehöre, was sie freudig bejaht, und sie erzählt mir gleich, wie es auf dem Schiff gewesen sei und wie beim Aussteigen der ganze Kavallerieverein Spalier gestanden habe, und ein kleiner Esel sei auch dagewesen und ein ganz kleiner Kaminfeger, sie zeigt mit der Hand die Höhe ab Boden an, und ich frage, ob das für mit oder ohne Hut gelte, und sie sagt, für mit.

Auf der Wiese stehen 6 Alphornbläser einsatzbereit. Sie haben schon einmal gespielt, und ich dachte, ich käme zu spät, da hatten sie sich aber nur eingeblasen und erwarteten auch, wie ich und die freudige Dame, die Hochzeitsgesellschaft, welche jetzt, gerade jetzt, aus einem Büs entlassen wurde, oder aus zweien, und zu den nun erklingenden Tönen der Alphornbläser langsam die Wiese heraufkam, auf mich, die Dame und das Sextett zu, an der Spitze Braut und Bräutigam, die Braut mit einem Sonnenschirm.

Heute

HEUTE habe ich geträumt, ich sei in Olten, wo ich aufgewachsen bin und müsse in der Kirche etwas reparieren, und zwar, wenn ich mich recht erinnere, eine Holzverkleidung im Chor, die aber früher zur Orgel gehörte, wie mir jemand anhand eines Fotos zeigt. Ich beginne an der Sache herumzuschräubeln, muß dazu ins Kirchenschiff schauen, das sich langsam zu füllen beginnt, es ist Sonntag, zehn vor neun Uhr, ich sehe in der Sakristei schon den Pfarrer meiner Kindheit im Priestergewand hin und hergehen. Ich schräuble also alles wieder zu, versuche auch noch einen lockeren Dübel festzumachen, wobei man mich vom Schiff aus etwa zur Hälfte sieht, unangenehmerweise. Ich ziehe mich in die Sakristei zurück, die Messe beginnt, ich warte, dann höre ich, daß plötzlich ein anderer Pfarrer auf italienisch predigt, ich lehne mich in die Türöffnung der Sakristei, aber der Pfarrer meiner Kindheit zischt mir zu: »Geh weg!«

Es kann übrigens auch durchaus die Orgel selbst gewesen sein, die ich reparieren mußte; wenn ich mehr auf meine Träume achten würde, wüßte ich das wohl, man kann sich ja im Träumen üben, sie mit dem Notizblock neben dem Bett belauern und beim Erwachen gleich mit Aufschreiben ahnden. Früher hat man Boten abgefangen, die mit irgendeiner Nachricht durchzukommen suchten – aufgeschriebene Träume sind solche Boten, die eine Nachricht bei sich haben, eine Nachricht allerdings von einem selbst, man ist doch größer als man denkt, man hat auch abgelegne Teile, so weit weg, daß die Boten, die von dorther kommen, schon eine andere Sprache sprechen.

Ich muß doch mehr auf meine Träume achten, danach, das weiß ich noch, ging ich ins Kirchenschiff, ich machte es so, daß ich von hinten herankommen konnte und ging auf die linke Seite, wo nach unsrem Usus nur Frauen standen. Ich drückte mich leicht störend zwischen den Reihen durch (ich stell mich nicht zuhinterst hin, wo niemand wäre, den ich störte), setzte mich schließlich, von links kommend, rechts neben einen Mann, auf den nächsten Stuhl (es hat Stühle, nicht, wie in Wirklichkeit in der Kirche meiner Kindheit, Bänke), dann merke ich, daß ich ihm zu nahe komme und setze mich so, daß ein Stuhl zwischen uns leerbleibt.

Heißt das nun etwas? Heißt das nun etwas anderes? Ist das nun eine Sprache, zu der man nur das Wörterbuch besitzen sollte, dann verstünde man alles?

Später mußte ich an einer Säbelfechterei teilnehmen, entweder im hinteren Teil der Kirche oder in einem Lokal, irgendwie ist es auch ein Spiel, sei es, daß es für einen Film ist oder daß ich weiß, daß es nur ein Traum ist, dennoch werde ich getroffen, in die Hüfte, sehr schmerzhaft, das sei ja gar nichts, sagt mein Gegner, da laß ich mich fallen und stelle mich tot, ich kriege noch einen geringfügigen Stich in den Rücken und bleibe im Getümmel liegen, die Sache hört sofort auf (war sie nur für mich arrangiert?), sonst bleibt niemand am Boden, ich liege in der Nähe der Türe, alle steigen nun sorgfältig über mich hinweg.

GESTERN ABER, GESTERN war ich in der Stadt, und das ist wahr, und für die Heimfahrt nahm ich aus Trauer 1. Klasse. Ich fand mich mitten unter Leuten, die behaglich über andrer Leute Unglück sprachen, einem ist die Harnröhre zugewachsen, der mußte drei Operationen machen lassen, das Kantonsspital ist völlig überfüllt, und ist erst vierunddreißig, von weiter hinten höre ich von einem, der hat durchgedreht, mit achtundzwanzig, ja, im Aargau, und ein anderer hat natürlich Krebs, die Frau ist auch schon tot, und er kommt kaum mehr heim, ist zweiunddreißig, sanft und sicher hält der Zug in Zollikon, in Goldbach, Küsnacht, Erlenbach, in Winkel, und überall steigt man gediegen aus, mit Wintermänteln gegen den Abend gesichert, läßt das fremde Schicksal im Polster zurück und verschwindet am Ende des beleuchteten Perrons in Richtung seiner ölgeheizten Friedlichkeit, und als ich selber draußen bin und um mich schaue, wo mein Wagen steht, da träum ich nicht, da brauch ich keine Übersetzung, da fühle ich mich frei zum Abschuß.

Wie ich lebe

Seit ein paar Tagen bin ich in Basel.
Ich bewohne hier ein Apartmenthaus, aus dem man direkt auf einen Platz hinuntersieht, welcher fast ohne Autoverkehr ist. In der Mitte steht ein großer Brunnen, den ich nachts plätschern höre. Gestern habe ich von meinem Fenster aus gesehen, wie tote Schweine aus einem Lieferwagen in eine Metzgerei gebracht wurden. Die Metzgerei verfügt über eine Hängeschiene, der Lieferwagen ebenfalls, die beiden Schienen werden zusammengekoppelt, und nun gleitet ein Schwein nach dem andern, mit einem Fleischerhaken an dieser Schiene hängend, ins Innere der Metzgerei.
Etwas später bin ich auf die Post telefonieren gegangen und mußte beim Bezahlen am Schalter eine Weile warten, weil vor mir ein bärtiger Amerikaner in einem Wollpullover ein Telegramm nach Tanger aufgab, auf welchem stand: I LOVE YOU MORE THAN I CAN SAY. Es kostete 14 Franken.
Ich rufe jeden Tag nach Hause an und erkundige mich, wie es meiner Frau und meinem Sohn geht.
Heute morgen habe ich bei einer Marktfrau, welche ihren Stand auf dem Platz neben dem Brunnen aufgestellt hatte, ein Dorschfilet gekauft. Der Frau, die vor mir zwei Dorschfilets kaufte, war, seit sie die Marktfrau zum letztenmal gesehen hatte, ihr Mann gestorben, 71 war er und war nur rasch ein Glas Wasser holen gegangen und tot zusammengebrochen, der Arzt sei auch ganz baff gewesen.
Der Bub der Marktfrau, wahrscheinlich ihr Enkel, ruft, schöne Forellen haben wir auch noch, und stochert mit einem Fangnetz im Zuber, in dem sie herumschwimmen.

Ich bleibe aber bei meinem Dorsch, der ist schon tot und hat keine Gräte.

In der Zeitung lese ich, daß der Flughafenangestellte, welcher die Frachtraumtüre einer später abgestürzten DC-10 verschlossen hat, beteuert, er habe die Türe richtig verschlossen. In seinem Leben habe er schon Hunderte, ja Tausende von Türen verschlossen und könne auf keinen Fall für den Absturz verantwortlich gemacht werden.

Gestern habe ich vor dem Einschlafen Goethes »Wahlverwandtschaften« zu Ende gelesen. Ottilie und Eduard sterben zum Schluß, und das Buch hört mit den Worten auf:

»So ruhen die Liebenden nebeneinander. Friede schwebt über ihrer Stätte, heiter verwandte Engelsbilder schauen vom Gewölbe auf sie herab, und welch ein freundlicher Augenblick wird es sein, wenn sie dereinst wieder zusammen erwachen.«

Diesen Schluß finde ich sehr schön.

Der Rest des Tages

Im Theater habe ich einer Frau, die mich angelächelt hat, gesagt, sie habe sich verwandelt. Ich hatte sie am Nachmittag schon gesehen, und da hatte sie sich noch nicht so schön zurechtgemacht. Ich ging dann zu Fuß zum Aeschenplatz, fand ihn aber nicht gleich. Ich kam an einem enorm geschlossenen Gebäude vorbei, die Fenster waren ebenso hoch wie vergittert. Es war, wie ich über der Türe las, die Schweizerische Nationalbank, wenigstens der Teil davon, der in Basel steht.
Dann kam ich am Kunsthaus vorbei und sah, daß hier die Fenster gleichermaßen vergittert waren. Ich sah auch, daß das anschließende Plätzchen Picassoplatz heißt und freute mich für Picasso. Seit der Nationalbank wußte ich, daß ich zu stark nach links marschiert war und bog nun entschieden dem weiter rechts gelegenen Aeschenplatz zu.
Ich überlegte auch, ob ich nicht irgendwo mein Wasser lassen könnte, aber es war überall so hell. Im Theater war ich durch die mich anlächelnde Frau nicht dazu gekommen, weil ich sie bis vors Theater begleitet hatte und gerne auch noch weiterbegleitet hätte, wenn nicht ihre zielstrebige Mutter dabeigewesen wäre.
Der Aeschenplatz, dachte ich, ist doch die Art von Platz, wo's noch irgendwo ein Pissoir hat, und als ich über die Fußgängerstreifen und Traminseln ging, sah ich tatsächlich ein Kiosktoilettenhäuschen, vor dem ein Mann stand. Sogleich ging ich dorthin, trat bei »Herren« ein, und fand mich vor einer Treppe, die nach unten führte. Als ich einige Stufen hinuntergegangen war, dachte ich plötzlich an das Honorar, das ich vom Nachmittag her in der Tasche trug und an den Mann vor dem Häuschen und an die große Einsamkeit dieses Untergeschosses am Aeschenplatz,

kehrte wieder um und überquerte schnellen Schrittes den Platz.

Fast vor meinem Auto angekommen, schwenkte ich in ein Restaurant ein, wo ich ein Bitter Lemon bestellte, gleich zahlte und ins Pissoir im Keller ging, das auch nicht viel weniger einsam war. Die Kellnerin war schon älter und blond und hatte erfreuliche Brüste.

Ich war dann sehr erleichtert, stieg in mein Auto ein und fuhr durch die Nacht nach Zürich.

Erlebnis

Heute ist mir gegen halb sechs Uhr abends in den Sinn gekommen, daß ich meine Frau an der Autofähre in Meilen abholen könnte, mit welcher sie um sechs Uhr eintreffen wollte. Ich nahm also einen Regenmantel mit und ging auf die Straße, die vor unserm Haus durchführt, gegen Meilen hinunter.
Eine Frau, die mir entgegenfuhr, schaute mich im Entgegenfahren an. Lastwagen eines Meilener Transportunternehmers fuhren mit großer Geschwindigkeit talwärts.
Kleinbusse von Bauunternehmen oder Schreinereien waren auch auf dem Weg nach Hause, man sah die Arbeiter im Laderaum sitzen, einige drehten den Kopf, als sie vorbeifuhren.
Am Restaurant ging ich vorüber, ohne einzukehren. Ich wohne seit mehr als zwei Jahren hier und bin noch nie im Restaurant eingekehrt. Dann habe ich auf dem Straßenbord Margriten gesehen und gedacht, ich muß eine mitbringen. Ich ging auf die andere Straßenseite hinüber und pflückte eine, die noch nicht zu fest offen war. Im Weitergehen drehte ich sie zuerst etwas zwischen den Fingerspitzen, dann steckte ich sie mir plötzlich hinter das rechte Ohr, wie einen Kugelschreiber oder einen Bleistift.
Ein Weinbauer, der direkt am Straßenrand an einer Rebe arbeitete, beachtete meinen Gruß nicht.
Einen richtigen Bauern sah ich durch die halbhohe fallenlose Tür in den Stall gehen.
Zwischen den Rebbergen waren verschiedentlich Baugespanne zu sehen, neben einem Stück Rebland wurde eine Betontreppe gebaut, die Reben am Rand wuchsen aus dem Bauschutt heraus.

Ich passierte die Ortstafel Meilen, sie ist weiß mit einem schwarzen Rand darum.
Vor einem Wohnblock war ein Schutthaufen, der schon gänzlich mit Gras und langen, fleischigen Schutthaufenpflanzen überwachsen war. Drei Italiener, die mit Stangen nach Hause gingen, pfiffen drei ganz jungen Mädchen nach, zwei hatten rote Haare und eines schwarze. Das mit den schwarzen Haaren drehte sich um, und die Bewegung wirkte aufreizend. Der letzte Italiener wäre fast in mich hineingelaufen, weil er zu dem Mädchen zurückschaute.
Das Mädchen stand neben einem Transformatorenhäuschen, an dem die Straßentafel »Bergstraße« befestigt war.
Neben einem Stopsignal standen zwei Frauen und sprachen miteinander, die eine hatte lange Haare, die andere kurze. Die mit dem kurzen sagte gerade, das bruuchsch eifach.
Dann kreuzte ich viele Leute, die mir vom Bahnhof her entgegenkamen und gelangte auf die Seestraße, wo ein neues Strandbad in den See aufgeschüttet wird.
Gerne wäre ich bei der Ankunft der Fähre schon am Ufer gestanden und hätte gewartet, aber bevor ich den Landeplatz erreichte, kam mir meine Frau entgegengefahren. Als ich ihr winkte, hielt sie an, und ich stieg ein.

Chicago

Diese Stadt ist auf Sand gebaut.
Wer hier einen Wolkenkratzer aufstellen will, muß zuerst Dutzende von Metern durch den Sandgrund graben, bis er auf Felsen stößt, die das Fundament halten können, d. h. er wird kaum selbst graben, sondern er wird graben lassen, und auch die Zeiten des Wortes »er« sind eigentlich vorbei, es sind mehrere Leute gemeinsam, die im Namen von noch mehreren Leuten beschließen, durch weitere Leute ein Fundament für einen Wolkenkratzer und dann auch den Wolkenkratzer selbst bauen zu lassen, damit man wieder einen Ort hat, von dem aus andere Leute im Namen wieder anderer Leute telefonieren und Briefe schreiben können.
Chicago ist eine Stadt, in der viele Leute im Namen anderer Leute telefonieren, Briefe schreiben und Wolkenkratzer bauen, wer hier lebt, habe ich gehört, atmet täglich gleich viel schlechte Luft ein, wie wenn er zwei Päcklein Zigaretten rauchen würde, wobei ein Raucher den Rauch der Zigaretten ja nicht schlecht findet, sondern ihn im Gegenteil deshalb einatmet, weil er für ihn einen Genuß bedeutet, obwohl er nachgewiesenermaßen schädliche Elemente enthält, und um diese schädlichen Elemente geht es auch beim Vergleich mit der Luft Chicagos.
Wer in dieser Stadt mit der Untergrundbahn zur Arbeit fährt oder fahren muß, jeden Tag, verliert in ein paar Jahren einen Drittel seines Gehörs, habe ich gehört. Der Lärm ist groß, die Bahn ist zum Teil eine Hochbahn, die einfach über den Straßen herfährt, auf eisernen Brücken, in gleicher Richtung, die Häuser links und rechts der Straßen sind so hoch, daß einem diese Zweistöckigkeit nicht als unnatürlich vorkommt. Unser hiesiger Konsul ist übrigens noch nie mit der Untergrundbahn gefahren.

Leute kommen aus Gassen, ganz hohen, engen, bei denen sich die Feuerleitern der beiden Mauern fast berühren, der Boden voll Abfall, so uneinladend, daß man es nur noch fotografieren möchte, aber eigentlich hat man diese Fotos schon gesehen.

Am Fuße dieser hohen Häuser jedoch wohnen freundliche Menschen. Sie sagen einem, wo es noch etwas zu essen gibt nach Mitternacht, sie halten an, wenn sie Blinde sehen, die über die Straße wollen, und es hat viele Blinde hier, auf einem großen Platz vor einem großen Haus steht eine große Plastik von Picasso, und in der Nähe dieser Plastik steht ein Bronzetisch, auf dem die Plastik und der Platz in Blindenschrift beschrieben sind, sogar ein Reliefmodell des Platzes kann betastet werden.

Vieles deutet darauf hin, daß auch in den hohen Häusern freundliche Menschen wohnen. Eines dieser Häuser, so stellte sich erst nach dem Bau heraus, liegt in der Route eines bestimmten Zugvogels – Tausende schossen nachts in die beleuchteten Fenster und starben. Jetzt wird an den zwei Monaten, in denen diese Vögel unterwegs sind, das Licht im ganzen Haus gelöscht, und nun weichen ihm die Vögel aus wie einem Baum. Überhaupt stellt sich bei diesen hohen Häusern vieles erst nach dem Bau heraus. Ein schwarzer Wolkenkratzer mit einem goldenen Fries weit oben steht ein kleines bißchen schief, weil man seinerzeit die Sache mit dem Sand und Fels zu wenig genau genommen hat.

In den zwanziger Jahren hat ein Bürgermeister zwischen der Stadt und dem Ufer des Michigansees einen Parkgürtel aufschütten lassen, der sich meilenweit ausdehnt, aus dem Abfall von Chicago, aus Flaschen, Büchsen, Schachteln, Fetzen, der ist mit einem Bauverbot belegt, und jetzt hat es dort Gras und Bäume für die freundlichen Leute aus den hohen Häusern und die, die am Fuß der hohen Häuser wohnen, dort, wo es zieht den ganzen Tag, auch wenn das

Wetter schön und warm ist, und wo es immer sehr bald Abend wird.
Nicht alle Leute halten dieses Leben aus, ein altes Weib postiert sich neben die Blumentöpfe, die die Stadt aufs Trottoir hat stellen lassen und ruft: Look at all this shit! Eine andere Frau kommt in einen Laden, wo man seine Wäsche waschen kann, mit einer Katze, die sie an einem Halsband zerrt, und jedesmal, wenn die Katze miaut, sagt die Frau: Shut up! Sonst sagt sie nichts.
Einer in einem flotten Bluejeansanzug, der mit einer Grafikermappe ausgesprochen sicher durch die Straßen geht, sagt, als ich ihn nach dem Weg frage, er sei erst den dritten Tag in Chicago, and I get lost, ich fühle mich verloren. Dann fragt mich jemand nach dem Weg, aber ich weiß ihn nicht, verspreche mich auch und sage statt I don't know, I don't think. Man denkt auch nicht, sondern läßt sich treiben, Haifischhemden gebe es hier, lese ich an einem Warenhaus, gehe hinein, frage, bis jemand weiß, wo, sehe dann, daß es keines hat, das klein genug ist für meinen kleinen Sohn, der so gern Haifische hat, finde auch das aufgerissene Maul des Haifisches auf diesen Hemden sehr erschreckend und gehe wieder hinaus.
Die freundlichen Leute aber, wenn sie in einen Lift gehen und es ist schon ein anderer drin, schauen diesen andern manchmal etwas furchtsam an, weil sie nicht sicher sind, ob er auch zur freundlichen Mehrheit gehört.
Eine Pianistin, die in einem abgeschlossenen Saal übte, zu dem ich den Schlüssel bekam, stand verstört vom Flügel auf, als sie meine Schritte hörte. Das wäre aber nicht nötig gewesen, denn ich bin ja freundlich.

Der Anfall

Er kommt nicht plötzlich.
Zuerst kommt er einfach in die Nähe und verharrt dort, träg und selbstsicher, bis man merkt, daß er da ist.
Nun kann man an nichts anderes mehr denken.
Er hat aber Zeit, er lümmelt noch herum, verbreitet einen schlechten Geruch, bläst einem seinen Rauch ins Gehirn, und die Hoffnung, daß er wieder gehen könnte, wird immer sinnloser. Er ist unwillkommen, er ist unwillkommen – merkt er nicht, wie unwillkommen er ist?

Dann tritt er seine Zigarette aus und springt dich an.
Jetzt spürst du, wie er sich in dich hineinzwängt und wie er nicht hineinpaßt und wie er zu groß ist für dich und wie du dich aufrichtest in den Hüften und wie du zitterst in den Füßen und wie du die Hände zusammenkrallst und wie du stöhnen mußt, weil er ganz in dich hinein will und weil er so groß ist und du so klein.
Er geht auch nicht plötzlich.
Er glaubt es nicht sogleich, daß du nicht seine Größe hast.
Nach und nach zieht er sich wieder heraus, probiert, bevor er ganz draußen ist, nochmals deinen Kopf an, um zu sehen, ob er wirklich nicht für ihn ist, flegelt sich dann auf den Stuhl und bleibt noch eine Weile sitzen, um dich seinen Ärger spüren zu lassen. Und dann, wenn du wieder zum Fenster schaust, wo er soeben noch saß, ist er weg.

Aber er glaubt es nicht, daß ihr nicht zusammenpaßt.
Er ist zu dumm dazu.
Er wird wiederkommen.

Morgen im Spital

Zimmerradios werden angedreht, aus denen Ländlermusik und Wetterprognosen quellen. Thermometer werden eingesteckt, herausgenommen und abgelesen, der Zahl mit einem Komma entnimmt der Patient, wie es ihm heute geht.

Es wird gebettet, Zähne werden geputzt, Waschlappen werden genetzt, Flaschen werden geleert, Rasierapparate werden über Hälse gezogen, erste Leistungen.

Es wird auch mit den Schwestern gescherzt.

Und dann das Frühstück, der Kaffee, die Weggli, die Butter, die Konfitüre. Mit all dem ist man lang vor acht Uhr fertig und wartet nachher auf den Tag.

Kriminalromane werden von Nachttischchen genommen und wieder zur Seite gelegt.

Ärzten wird erwartungsvoll in die Augen geschaut.

Über dem See verläuft der Horizont wie das Elektrokardiogramm eines Gesunden.

Abend im Spital

Eine Glocke läutet.
Auf dem See hupt ein Schiff, aber man stellt sich ungern vor, daß man noch einsteigen muß.
Autos fahren über die Seestraße, es ist naß, man hört es am Geräusch der Reifen.
Eine Amsel singt.
Die Kastanienbäume bewegen sich nicht.
Man sieht nur knapp über den See, es ist trüb und bewölkt.
Von der andern Seite dringt ein Lokomotivenpfiff herüber.
Die Leute liegen in den Betten und denken über das nach, was sie haben.
Viele könnten jetzt Trost brauchen.
Wenige bekommen ihn.

Herbst

In den Bergen ist der Herbst klar erkennbar.
Wenn man zum Beispiel bäurisch aussehende Männer sieht, die das dürre Laub um die Hütten herum zusammenrechen und es zu großen Bündeln binden, kann man sicher sein, daß das ein Zeichen des Herbstes ist, auch wenn man es noch nie gesehen hat und auch nicht fragen mag, ob das nun zum Füttern des Viehs oder vielleicht nur als Streue gebraucht werde, weil man Angst hat, vom Bauern für dumm angesehen zu werden, was man ja auch tatsächlich ist, weil man nicht einmal genau weiß, was eigentlich Streue ist.
Soviel zum Herbst in den Bergen.
Auf einer Wiese habe ich heute überraschend einen Schwan sitzen gesehen. Erst nachher habe ich dahinter einen Weiher bemerkt, was meine Überraschung etwas gemildert hat.
Ich habe auch den Tröchniturm aufgesucht, einen sehr hohen, umfangreichen Holzturm, der sich oben erweitert wie ein Funkturmrestaurant und der früher benutzt wurde, um die Leintücher zu bleichen. Heute dient er zu nichts mehr, er ist nur noch ein Zeuge vergangener Zeiten, wie es in Reiseführern heißt. In der Nähe habe ich einen alten Mann gesehen, der auf den Teich schaute, vor dem der Schwan stand. Weiter hinten, im Verlauf meines Spaziergangs, ist mir eine Frau aufgefallen, die in einem kleinen Garten direkt neben dem Trottoir mit einem Setzholz Löcher in die Erde bohrte.
Noch weiter hinten kam ich zu einem Kasernenareal, der Weg führte neben einer Kampfbahn vorbei. Zum Beispiel gab es dort knapp über dem Boden ausgespannte Drahtgeflechte, die durch kleine Pfosten gestützt wurden und unter denen die Soldaten durchkriechen müssen. Man

sieht auch zickzackförmig in den Boden eingelassene Betongräben, oder Betonklötze, die in der Art von Sprungschanzen gegen oben ansteigen, auch große Holzgestelle ragen in die Höhe, die man wohl in der Schule des Lebens irgendwie überklettern muß. Ich bin dienstuntauglich.
Vor mir her gehen drei Offiziere, denen ein Soldat oder Rekrut beim Verlassen des Areals das Gatter öffnet. Laut neuem Dienstreglement ist er nicht mehr verpflichtet zu grüßen und grüßt auch nicht, hingegen grüßen ihn zwei der Offiziere, indem sie die Hand an den Mützenrand heben.
Da ich auch eine Mütze habe, lege ich meine Hand auch an den Mützenrand, aber es hat nicht dieselbe Wirkung.
Später komme ich an einer Druckerei vorbei, die Alldruck AG heißt, was ich zuerst als Alpdruck AG gelesen habe.

Aufenthalt in Karlsruhe

Auf dem Weg nach Heilbronn wurde ich, da ich mit dem Zug unterwegs war und umsteigen mußte, zu einem Aufenthalt in Karlsruhe gezwungen. Ich hatte zwei Stunden Zeit. Direkt neben dem Bahnhof beginnt der Zoo. Ich löse eine Eintrittskarte (3 Mark) und spaziere ins Zooinnere. Es ist Herbst, Teiche werden ausgelassen, auf denen sonst Gondelfahrten angeboten werden. Der Zoo ist zugleich der Stadtpark, und es geht sehr lange, bis man das erste Tier sieht. »Wolfanlage« lese ich und denke, endlich, aber beim zweitenmal sehe ich, daß es »Wolffanlage« heißt und erinnere mich, daß »Wolff« eine Parfümfabrik ist, welche das Aftershave herstellt, das ich früher kaufte, als ich mich noch rasierte. Es hieß »Prestige«. Vielleicht haben also meine paar Fläschchen, die ich gekauft habe, auch ein ganz kleines bißchen zu dieser Anlage beigetragen, die ich im übrigen nicht aus den andern Anlagen heraushalten kann.
Jetzt komme ich zu den ersten Gehegen und Gebäuden. Erdmännchen habe ich noch nie gesehen, eine südafrikanische Schleichkatzenart, gesellig und wärmeliebend, sie halten sich meist in der Nähe der Infrarotstrahler auf.
Vier Elefanten sind an einem Vorder- und einem Hinterbein gefesselt und müssen frontal zum Publikum schauen, während sie mit dem Rüssel ihr Heu ins Maul stopfen.
Der älteste der Schimpansen ärgert sich über die Besucher, denen er preisgegeben ist. Zuerst nickt er nachdenklich-parodistisch zu den Leuten, dann rennt er mit unheimlichem Tempo auf die dicke Scheibe los, die ihn von den Zuschauern trennt und donnert wie ein Wahnsinniger mit Händen und Füßen gleichzeitig an das Glas, indem er dazu laute Schreie ausstößt. Die Männer lachen, den Frauen ist es etwas peinlich.

Fast in jedem Zoo stößt man auf eine besonders traurige Tierart. Hier sind es die Baumkänguruhs. Sie sind sehr langsam, steht daneben zu lesen, weil sie auf den Bäumen kaum Feinde haben, außer dem Menschen. Eigentlich haben die meisten Tiere kaum Feinde außer dem Menschen.

Im Gelände vor dem Zoo, wo ich an einem Stand einen Crêpe esse und einen Glühwein trinke (»Schmeckt's?« sagt der Crêpeverkäufer), sehe ich einen Mann mit einer rasenmäherähnlichen Maschine, welche alles Laub an einen Haufen bläst. Vielleicht nennt man das einen Laubbläser oder ein Gartenallzweckgerät mit Laubblasgang.

Warum ist QUICKY die meistgekaufte Hand-Brennschneidmaschine der Welt? wird in einem Schaufenster gefragt. Ich weiß es auch nicht und gehe weiter, an einem Großherzogobelisken und einer Großherzogpyramide vorbei, auf das Schloß zu. Es ist breit und licht, mit erfreulich viel Platz davor. Solche Bauten stehen sonst eher etwas außerhalb der Städte, bei dieser hier ist die Stadt darum herumgebaut worden, ab 1715, wie ich auf einem der Denkmäler lese. Ich frage mich, was die Kellertreppen sollen, die man überall in der Anlage sieht, bis ich draufkomme, daß der ganze Schloßvorplatz mit einer Tiefgarage unterhöhlt ist.

Auf dem Rückweg zum Bahnhof sehe ich, daß jemand einen Wegweiser POLIZEI mit zwei Strichen so abgeändert hat, daß es jetzt ROLIZEL heißt. Wie schön, wenn das allgemein üblich würde und man sich z. B. drohen müßte, indem man riefe: Hören Sie auf, sonst hole ich die ROLIZEL!

Der Weg zurück zum Bahnhof ist weiter, als ich gedacht habe, aber es reicht noch, ich hole meine Tasche aus dem Schließfach Nr. 17, trage einer hinkenden Frau den Koffer auf den Bahnsteig Nr. 8 und steige in den Eilzug Nr. 3341 nach Heilbronn, der gar nicht eilig aussieht.

Zwei Dinge habe ich noch gelesen, eins betrifft Karlsruhe, eins betrifft mich. Die Radioaktivität in der Umgebung des Kernforschungsinstituts Karlsruhe ist mehr als doppelt so hoch, wie sie eigentlich sein sollte, habe ich kürzlich bei Robert Jungk gelesen.
Heute aber habe ich in der Zeitung gelesen, daß sich Jean Améry in einem Hotelzimmer in Salzburg mit einer Überdosis Schlaftabletten das Leben genommen hat. Er befand sich auf einer Lesetournee.

Ein temporeicher Vormittag

Bis zu welcher Haltestelle ich fahren soll zur Bobsleighweltmeisterschaft, frage ich den Postautochauffeur beim Einsteigen in Pontresina. Bis zum Hotel Bären in St. Moritz, sagt der Chauffeur, das sei gerade beim Start, und ich löse ein Billett dorthin, denke aber unterwegs, daß das Ungewohnte bei einem Bobsleighrennen weiter unten geschehen müsse, wenn die Rennschlitten mit erschrekkender Geschwindigkeit durch die hohen Kurven dem Ziel zugetrieben werden, und steige schon in Celerina aus, wo sich große Gruppen von Menschen der Straße nach bergauf bewegen, es ist Sonntagmorgen, die Glocken läuten, und einen Moment lang stelle ich mir vor, all diese Leute seien, ebenso zahlreich und ungeduldig, auf dem Weg zur Kirche.

Kinder zahlen erst ab 14 Jahren, sagt das zehnfrankenverlangende Fräulein, das die Eintrittskarten wie Lose von einer Art Schlüsselring abreißt, also Buebe, gönd dure!, ruft der Familienvater, der die Frage gestellt hat, und verlangt »zwei Erwachsene« erhält sie im Gedränge nicht gleich, etwas später, als er seiner hinzugekommenen Frau den Bescheid weitergibt, sagt sie, dann brauche er ja nur für einen der beiden Buben zu bezahlen, und der Vater gibt ihr einen häßlichen kleinen Stoß mit dem Ellbogen.

Über ein enges, glattgetretenes Weglein und eine nicht sehr tragfähig wirkende Passerelle geht man nun zur Bobsleighbahn, der dritte Lauf ist im Gang, oder muß man sagen, der dritte Gang ist im Lauf, die vier Italiener, die jetzt herunterfahren, werden angekündigt wie ein hoher Besuch, der Lautsprecher sagt, zu welcher Zeit er sich wo befindet, und den Satz, mit dem er ihre genaue Ankunftszeit bekanntgibt, kann er lange bevor sie durchs Ziel gefahren sind beginnen, so schnell fahren sie. Sogleich

berichtigt aber der Lautsprecher meinen Eindruck: die Italiener sind, gemessen an den übrigen Teilnehmern, ausgesprochen langsam gefahren.
Eine Ferienkolonie aus Rorschach hat einen großen, an zwei Skistöcken befestigten Karton mitgenommen, auf dem steht »Hopp Schwiz«, zwei Schüler wollen diesen Zuruf in den Schnee stecken, tun das so, daß die Schrift parallel zur Bahn steht, andere Schüler sagen, so sähen es die Fahrer ja nicht, nun stellen sie's so, daß es die Fahrer sehen können, wenn sie hinschauen würden, und jetzt sagt einer, Schwiz schreibe man mit ie.
Die Spanier, die gleich darauf knirschend und kratzend vorbeisausen, sind offenbar ähnlich langsam wie die Italiener, wahrscheinlich ist diese Sportart nichts für Südländer.
Mittlerweile bin ich, neben der Bobbahn ansteigend, unterhalb der untersten Kurve stehengeblieben, es hat hier einen Streckenwart, der nach jeder Durchfahrt in die Bahn steigt und sie sauberschaufelt. Bei der nächsten Fahrt sehe ich, daß der Schlitten nach der Kurve auf der Gegenseite zwei bloßliegende Holzplanken streift und ihnen einige Späne abspleißt, und daß es vor allem diese Späne sind, die weggeschaufelt werden müssen. Ich lasse an dieser Stelle drei, vier Bobs passieren, jeder säbelt etwas ab, und als nachher der DDR-Schlitten kommt und die Bretter überhaupt nicht berührt, weiß ich schon, daß er der schnellste sein wird. Seit sechs Uhr morgens arbeiten sie an der Bahn, sagt der Streckenwart zu einem Bekannten, es hat nämlich über Nacht geschneit, und das Eis muß unbedeckt daliegen, spiegelblank, wie man in solchen Fällen sagt.
Es finden sich immer mehr Leute ein, ich steige nach und nach der Bahn entlang höher, das Weglein ist beinahe so blank wie die Bobbahn, dauernd fallen Leute hin, helfen sich mit Scherzworten wieder auf, danken sich auch übertrieben für kleine Hilfeleistungen. Es gibt keinen

Punkt, an dem man nicht vom Lautsprecher erreicht wird, der einem unerbittlich jede Zwischenzeit mitteilt und einen alles hören läßt, was man nicht gerade sieht. So konnte beim Start der englischen Mannschaft der Bremser nicht mehr aufspringen (ein richtiger Bremseralptraum), und nun fuhr der Vitererbob zu dritt hinunter, gespannt erwartete man unten den nur mit drei Leuten besetzten Schlitten, und als er kam, sah man, was man schon wußte, nämlich daß es ein nur mit drei Leuten besetzter Schlitten war. Die Engländer schieden also aus, dabei ist es ein englischer Sport, anscheinend, sonst hieße die Bahn nicht Run und der Schlitten nicht Bobsleigh, selbst die Zwischenzeitenflurnamen heißen Sunnyside, Horseshoe, und die letzte schlicht Tree, wenigstens verstehe ich es so aus dem Lautsprecher.

Ich habe mich jetzt an die Geschwindigkeit gewöhnt, auch wenn ich angesichts der großen englischsprachigen Kurve, bei der soviel Zuschauer sind, daß sie auch einen Würstchenstand nach sich gezogen hat, keinesfalls in einen solchen Bob einsteigen möchte, und das kann man, eine sogenannte Taxifahrt, wo man zwischen den ersten und den letzten Mann eingeklemmt und so hinuntergefahren wird, kostet 78 Franken und ist im übrigen, soviel ich weiß, für Frauen ein Abtreibungsgeheimtip, so stark ist der Druck und die Erschütterung.

Zu Beginn des letzten Laufes sind die DDR-Männer mit ihrem Steuermann Meinhart Nehmer, der wirklich nicht Reinhart heißt, wieder unschlagbar hinuntergeschlittelt, durch einen Kanal von Stille, während der nachfolgende Schweiz-II-Bob unter einem dichten Wirbel von Hopp! Hopp!-Rufen durchrast, aber es hilft nichts, er rast immer ein bißchen langsamer als die Ostdeutschen.

Hinauf kommen die Fahrer, die ganz sattanliegende Anzüge tragen, sehr viel gemächlicher als hinunter. Ein Lastwagen nimmt sie samt ihren Schlitten und ihren

Betreuern auf die Ladebrücke und reiht sich wie ein Viehtransport in den stockenden Verkehr auf der Straße von Celerina nach St. Moritz ein. Gerade sehe ich den Lastwagen mit den mutmaßlichen Siegern hinauffahren, ein paar Zuschauer winken ihnen zu, sie winken zurück. Ich winke nicht. Warum sollte ich ihnen winken? Wegen der paar Holzspäne vielleicht? Zugegeben, den Schweizern hätte ich vielleicht gewunken, aber das sind ja auch Schweizer.

Ein Kameramann, der auf einem hohen Turm über der großen Kurve steht, hat einen Licht- und Wetterschutz übergezogen, der nur seine Beine freigibt und ihn mit seiner Kamera zu einem einzigen Wesen werden läßt, mit fünf Füßen, einem grauen Buckel und einer schwarzen Mündung, die sich immer auf die Kurveneinfahrt richtet, dort jeden Schlitten abfängt und mit ihm mitschwenkt, so daß man meinen könnte, dieser Kopffüßler sei der Beherrscher der Zentrifugalkraft, der die Schlitten alle an einer Leine um die Kurve herumführe und sie nachher talabwärts schleudere.

Oben, beim Bobhaus, sehe ich noch die letzten paar Starts, da ist die Stimmung weniger wählerisch als unterwegs, jede Mannschaft wird mit Rufen wie »Go! Go! Go! Go!« in die Tiefe getrieben, und wenn die Startzeit 5 : 40 oder darüber ist, weiß man schon, daß es für diesen Bob kaum noch etwas zu holen gibt, die verlorenen zwei Zehntelsekunden auf die Besten sind nicht wieder gutzumachen.

Der Schlitten Bundesrepublik II fährt so schnell, daß er, wenn man alle vier Läufe zusammenzählt, und das tut man, um den Weltmeister zu ermitteln, daß er eine Hundertstelsekunde weniger lang gebraucht hat als der Schlitten Bundesrepublik I und damit dritter ist, alle rufen aaah!, als das bekanntgegeben wird, wie bei einem knapp verpaßten Tor auf dem Fußballplatz, jedenfalls wie bei

einem Ereignis. Ereignisse sind hier nur noch dank der Elektronik möglich, ein Bremser, der am Start liegenbleibt, ist ein beinah rührender Versuch, ein Geschehen im alten Sinn herzustellen.
Nach der Abfahrt des letzten Bobs steht fest: die DDR hat gewonnen, Schweiz II ist zweite, Bundesrepublik II ist dritte. Die Preisverteilung wird bald stattfinden, etwa in einem Viertelstündchen, sagt der Sprecher, und das ist plötzlich wieder eine Zeit, die man sich vorstellen kann, besser als 1 : 11 : 23, eine Viertelstunde ist eine Viertelstunde, aber ein Viertelstündchen ist meistens ein bißchen mehr als ein Viertelstündchen, darum bleibe ich nicht, obwohl Herr Gunther Sachs die Hundertstelhelden ehren wird, ich gehe am Bobhaus vorbei, der Oberhalbsteiner Gian Carlo Torriani, mit Schweiz I Fünfter geworden, sagt autogrammverteilend zu einem Nahestehenden, der Nehmer sei bei seiner ersten Weltmeisterschaft auch Fünfter geworden, und als ich mich beim Hotel Bären auf einen Hydranten der von Roll'schen Eisenwerke Klus setze und auf den Bus nach Pontresina warte, sagt eine Frau zu einer anderen Frau, indem sie St. Moritzwärts geht, jo genau, me mues es einisch gseh ha.

Der Leuchter

den ich jetzt beschreibe, besteht aus einem schön geschnitzten länglichen Stück Holz, aus dem auf jeder Seite je 3 Lampen herausragen. Dieses längliche Stück Holz, Nußbaum wahrscheinlich, dem stumpfen Glanz nach, ist oben mit einem Furnier bedeckt, während die untere Seite schön geschwungen ist, d. h. rechts ist sie schneckenartig eingerollt, dann kommt eine bauchige Erhöhung, die in ein spitzes Tal mündet, aus dem sich eine neue bauchige Erhöhung schwingt, die dann in einer flachen Stelle endet, welche die Mitte dieses kleinen Balkens darstellt, von da an geht es symmetrisch zur rechten Seite weiter (Abb. 1)

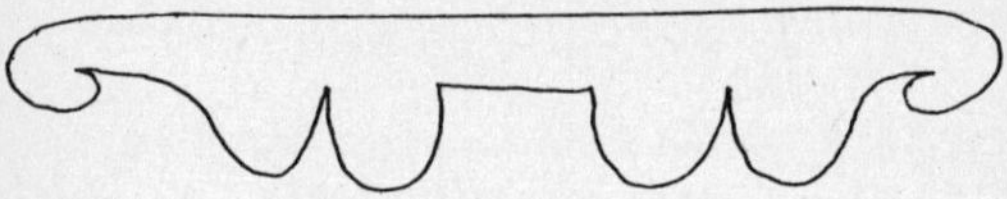

Abb. 1

Jetzt können Sie sich schon den ganzen Balken vorstellen, allerdings nur in groben Zügen, z. B. ist die ganze Linie der bauchigen Erhöhungen durch eine Zierlinie betont, die diesen Rändern nachgeführt ist, sie ist doppelt eingekerbt und erweitert sich über dem zweiten Bauch von rechts (damit wir uns richtig verstehen, es hat insgesamt 4 Bäuche), und erweitert sich über dem zweiten Bauch von rechts zur Darstellung einer Traube, die das ganze Feld zwischen Bauchung und oberem Abschluß einnimmt, und auf der parallelen Seite sieht man drei Ähren, die sich von oben nach unten neigen.
Nun kommen wir zu den Lampen. Auf jeder Seite des Balkens sind drei davon, und zwar sind sie an folgenden Orten befestigt: Eine in der Mitte und die anderen zwei je

über der ersten Rundung von außen. Befestigt sind sie auf Holzschildern von wappenartiger Form, welche ihrerseits durch je eine Schraube in jeder Ecke am Balken festgemacht sind. (Abb. 2)

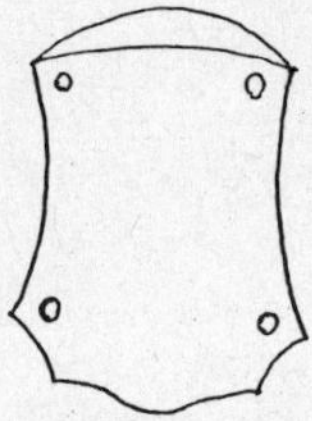

Abb. 2

Auf diesen Holzschildern sind die Lampenarme befestigt, gebogene Holzstücke, mit einer Schnecke beginnend, ebenfalls mit Kerblinien, welche die runde Form unterstreichen, in der Schneckeneinrollung hat es noch Platz für eine gekerbte Blume, einen Korbblütler. (Abb. 3)

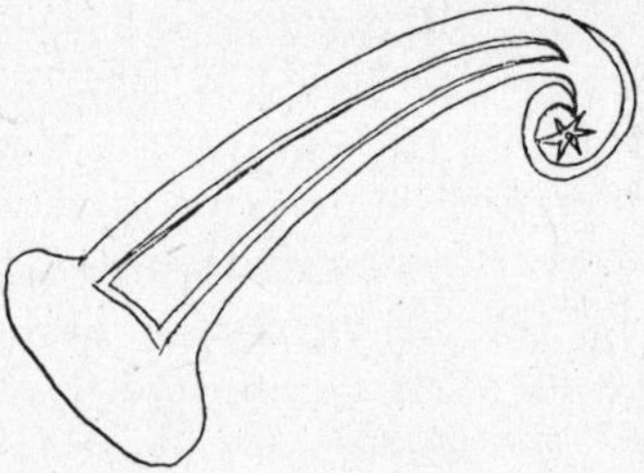

Abb. 3

Vorn erweitert sich das Holz zur Fassung, in die dann das Lampenglas eingelassen ist, es ist ein Milchglas mit glokkenblumenblütenähnlicher Form und mit geschliffenen Längsstreifen. Die Farbe: Ein gelblich-beiger Ton, hell, bleich, wenn die Birnen brennen, sieht es etwas dunkelgelber aus. (Abb. 4)

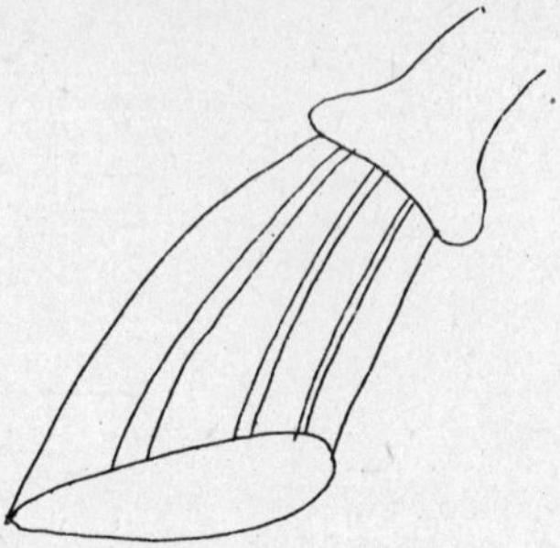

Abb. 4

Auf der Oberseite des Lampenhalters ist knapp vor dem Schneckenende auf jeder Seite eine Kette angebracht, die beiden Ketten verjüngen sich nach oben, wo sie an einem kleinen Stück Holz dieser Form befestigt sind, das unten eine gerippte Fläche hat. (Abb. 5)

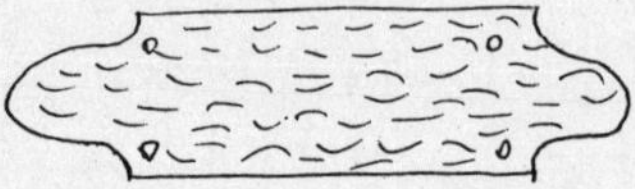

Abb. 5

Ehrlich gesagt: Einen solchen Leuchter würde ich nie kaufen.

66 Fragen

Wie groß sind Sie?

Wie lange können Sie den Atem anhalten?

Können Sie durch die Finger pfeifen?

Wann haben Sie das letztemal einen Purzelbaum gemacht?

Wenn Sie in einem Restaurant sind und einen Kaffee trinken, und es gibt verpackten Zucker dazu, und Sie trinken den Kaffee ohne Zucker – nehmen Sie dann den Zucker mit?

Kennen Sie viele Apfelsorten?

Können Sie etwas über Nagetiere sagen?

Worum ging es im Ersten Weltkrieg?

Kennen Sie den Namen Ihres Briefträgers?

Glauben Sie an Impfungen?

Wogegen?

Gibt es ein Gedicht, das Sie auswendig können?

Gibt es ein unanständiges Gedicht, das Sie auswendig können?

Von wem stammt die Kuh ab?

Was finden Sie schwerer, aufhören oder anfangen?

Wie heißen Sie?

Sind Sie mit Ihrem Namen zufrieden?

Wenn nicht, wie möchten Sie lieber heißen?

Können Sie ein Märchen erzählen?

Haben Sie zu Hause einen Luftbefeuchter?

Worauf hoffen Sie?

Können Sie an einer Zoohandlung vorbeigehen, ohne hineinzuschauen?

Können Sie an einer Handlung für Damenwäsche vorbeigehen, ohne hineinzuschauen?

Sind Sie männlichen oder weiblichen Geschlechts?

Was stellen Sie sich unter Bandenergie vor?

Waren Sie schon einmal in psychiatrischer Behandlung?

Wem gehören Sie?

Glauben Sie, daß man Zeit gewinnen kann?

Schreiben Sie von Ihren Ferien Ansichtskarten?

Wem?

Hassen Sie Leute, die Witze im Kopf behalten können?

Denken Sie oft ja, wenn Sie nein sagen?

Gibt es einen Metzger, den Sie persönlich kennen?

Können Sie einen Blindgänger markieren?

Dieses leichte Stechen in der Nierengegend, haben Sie das schon lange?

Geben Sie alle Ihre Einkünfte der Steuer an?

Wieso wehren Sie sich gegen das Wort Hinterziehung?

Hassen Sie die Pest?

Wie geht es Ihnen?

Wissen Sie, was ein Moschusochse ist?

Wenn Sie es nicht wissen, interessiert es Sie, zu wissen, was das ist?

Können Sie den Unterschied zwischen einer Aktie und einer Obligation erklären?

Benutzen Sie die Wörter »Dein, Ihr, Euer« am Schluß eines Briefes?

Schreiben Sie Briefe?

Glauben Sie daran, daß Sie einmal sterben müssen?

Glauben Sie das wirklich?

Kennen Sie jemanden, der gelb als Lieblingsfarbe hat?

Wie gut kennen Sie ihn?

Fürchten Sie sich vor Verkäuferinnen?

Beginnen Sie ihre Unterschrift oben oder unten?

Gehen Sie gern zu Fuß?

Wann sind Sie zum letztenmal rot geworden?

Gibt es ein Wort, das Ihnen zuwider ist?

Wenn Sie einen Pfirsich anfassen, kriegen Sie da eine Hühnerhaut?

Werfen Sie Schnüre von Paketen, die Sie bekommen, weg?

Wo wohnen Sie?

Können Sie kochen?

Töten Sie gern Insekten?

Haben Sie ein Taschenmesser?

Wo liegt Ihrer Meinung nach Abu Dhabi?

Macht es Ihnen nichts aus, eine Salbe gegen Hämorrhoiden zu kaufen?

Gibt es etwas, das Sie noch nachholen möchten?

Wie alt sind Sie?

Ist Ihnen der Gedanke an rohes Fleisch unangenehm?

Haben Sie diese Fragen nur gelesen oder auch beantwortet?

Wo denken Sie hin?

Theaterpause

In der Pause eines Theaterstücks, in dem abstrus geschminkte Schauspieler in schimmernden Kostümen mit ausgiebigen Gesten ihre Reden begleiten, mit andern, anders geschminkten Schauspielern zusammenstießen, die in kunstvoll zerrissenen Lumpen daherkamen, in dem auch überreich oder kaum angezogene Schauspieler erstochen wurden, mit Kerzenständern und Theaterdegen, und in dem sich zuletzt zwei Schauspieler in einem weit entfernten Land, das die Bühne war, in einem von oben herabflatternden Goldregen badeten – in der Pause dieses Theaterstücks also, das gewissermaßen ein Bild für das gesamte Leben darzustellen vorgab, trank ich einen Orangensaft und trat dann an die frische Luft, das heißt unter die Eingangsarkaden des Theaters, wo man zu frischer Luft kommen kann, indem man mit dem Rücken gegen eine Buchhandlung steht und geradeaus auf eine Traminsel schaut, über die an diesem Abend ein feiner Regen niederging.

Als ich ein bißchen dagestanden war, allein unter andern, sah ich links von der einen Arkadensäule ein Wesen durchhuschen, das eigentlich sofort rechts der Säule wieder hätte auftreten müssen, denn in dieser Richtung bewegte es sich. Es mußte sich aber direkt hinter der Säule anders besonnen haben, denn es tauchte rückwärts gehend nochmals links von der Säule auf und starrte in die Leute, die vor dem Theater und auch im erleuchteten Saal hinter den Glasportalen zu sehen waren. Dieses Wesen, daran war nicht zu zweifeln, dieses Wesen war eine alte Frau, aber in einem Zustand, für den nur noch die Bezeichnung Weiblein übrigbleibt.

Sie ging fast rechtwinklig gebückt an einem Stock, hatte einen abgeschossenen Regenmantel an und ein Regenhütchen mit nach unten gebogenen Krempen, dem man die ehemals blaue Farbe noch knapp ansah, aber was man fast nicht für wahr halten konnte, war das weiße Mäskchen, das sie sich um den Mund gebunden hatte; es war eine Art Chirurgenmäskchen, aus Gaze, mit zwei Bändelchen auf jeder Seite, eines oberhalb und eins unterhalb des Ohres, und es wölbte sich so unheilvoll über Mund und Wangen, daß man darunter ein Geschwür vermuten mußte oder sonst etwas Abstoßendes.

Nachdem das Weiblein eine Weile in völliger Starre in die Leute geblickt hatte, ging es seinen ursprünglichen Weg weiter, hielt aber rechts der Säule erneut an und blickte nochmals fast fassungslos ins Innere der Arkade. Dann schob es sich, oder schob sie sich plötzlich zwischen den Theaterbesuchern durch, merkwürdig flink, vielleicht war sie es gewohnt, daß man vor ihr zurückwich. Fast prallte sie auf das Schaufenster der Buchhandlung. Zuerst tastete sie mit der einen Hand den Sims ab, wie um sich zu versichern, ob er wirklich an dieser Stelle sei, hatte dazu ihre Augen weit aufgerissen und schnellte auf einmal aus ihrer Rechtwinkligkeit hoch, schaute vollkommen aufrecht stehend wie ein schnupperndes Erdtier um sich und fiel dann wieder in ihre alte Haltung zusammen.

Als sie dem Buchhandlungsfenster, durch welches hinter den Bücherregalen auch wieder die Theaterbesucher sichtbar waren, den Rücken kehrte, bemerkte sie, wie auf der Traminsel ein Tram einfuhr und ergriff die Flucht. Hurtig und ohne anzustoßen wetzte sie durch die Dasteher und trat, ohne sich umzusehen, einfach mit weit erhobener Hand auf die Fahrbahn, und als sie vor zwei stark abbremsenden Autos auf den Waggon zueilte, schloß sich die automatische Türe im selben Moment, in dem sie sie erreichte, und wäre nicht ein Passagier im Innern des Trams aufgestanden und hätte den Türöffnungsknopf zu

ihren Gunsten gedrückt, wäre das Tram ohne sie abgefahren.
So sah man noch, wie sie, nachdem sie die zwei Tritte hinaufgestolpert war, durch den Ruck des anfahrenden Wagens fast umgeworfen wurde und wie sie dann, als sich das Tram beim Abbiegen nach rechts als Achter entpuppte, merkte, daß sie in die falsche Linie eingestiegen war, sich sofort wieder hochrappelte und sich zum Türöffnungsknopf hinaufstreckte, den sie jetzt unablässig drückte, ohne daß dies das Tram irgendwie beeinflußte, welches langsam mit dem verzweifelt maskierten Weibchen um die Ecke herum verschwand.
Dieser Auftritt war so eigenartig, daß ich mich eine Weile fragte, ob er etwa auch ein Teil der Inszenierung sei, aber als sich nach der Pause der Vorhang wieder öffnete und zwei Schauspieler mit einem ganz in Gold gekleideten König sprachen, wurde mir klar, daß das Weiblein nichts mit diesem Theater zu tun haben konnte.
Es gehörte zu einem andern Stück.

Die Hinrichtung

Gestern habe ich einer Hinrichtung beigewohnt.
Zum Tode verurteilt war eine Frau von etwa fünfzig Jahren. Sie näherte sich dem Richtplatz von rechts in einem Auto, indem sie drei in einer Stopstraße wartende Wagen überholte und auf die Kreuzung hinausfuhr, wo eine Kolonne von stehenden Wagen in der Mitte eine Lücke für die Verurteilte freigelassen hatte.
Während sie auf diese Lücke zusteuerte, nahte hinter der Kolonne auf der Gegenfahrbahn, für die Verurteilte unsichtbar, in einem Sportwagen der Scharfrichter.
Seine Fahrt war gut berechnet.
Im selben Moment, in dem die Verurteilte durch die Lücke fuhr, prallte er von rechts in ihren Wagen, der dadurch leicht in die Luft gehoben wurde und weiter links auf der Kreuzung zum Stehen kam.
Die Verurteilte war bewußtlos an die seitliche Scheibe gesunken, ein roter Blutstreifen rann über ihre Stirn. Als die blauuniformierten Vollstreckungswächter die Tür öffneten, um ihren Körper wegzubringen, atmete sie noch, aber es war ein Atmen, das zeitweise in ein Röcheln überging.
Der Scharfrichter hatte beim Aussteigen nichts mehr von einem Scharfrichter an sich. Er sah ratlos zu, wie das Kühlwasser aus seinem zerstörten Wagen auslief, zitterte am ganzen Leib und machte überhaupt den Eindruck eines verzweifelten Menschen.
Er hatte, wie sich später herausstellte, nichts von seiner Ernennung zum Scharfrichter gewußt.
Ebenso hatte die Frau, das versicherten ihre Angehörigen, nichts von ihrer Verurteilung erfahren, und auch mir hatte niemand gesagt, daß ich zum Zeugen bestellt worden war.

Der Abstecher

Ich stand in Bern auf dem Bahnhof und wartete auf den Zug nach Zürich, der soeben als leicht verspätet gemeldet worden war.
Als ich nach einer Weile aus dem Lautsprecher hörte: »Auf Gleis 11 steht der Schnellzug nach Singapur«, konnte ich nicht widerstehen. Ich nahm mein Mäppchen, begab mich durch die Unterführung nach Gleis 11 und stieg in den bereitstehenden Zug ein, nicht ohne mich vorher zu vergewissern, daß am Wagen tatsächlich ein Schild mit der Aufschrift »Bern-Singapur« hing, und daß dieselbe Angabe auch auf der Anzeigetafel über dem Perron zu lesen war.
Warum ich einstieg, kann ich heute nicht mehr genau sagen, so etwas tut man ja nicht auf Grund einer bestimmten Überlegung. Vielleicht, dachte ich mir lediglich, vielleicht gibt es in der Nähe von Bern einen Weiler, der Singapur heißt, so wie es doch auch irgendwo in der Gegend ein Bethlehem gibt, mit einer kleinen Post, auf der man zu Weihnachten Kartengrüße abstempeln lassen kann, und das Ganze hängt mit einer Werbung für die Bundesbahnen zusammen. Das einzige, was für mich feststand, war, daß dieser Zug nicht nach Singapur fuhr.
Ich war deshalb etwas überrascht, als mich der Kondukteur bald nach der Abfahrt des Zuges mit ernstem Blick darauf aufmerksam machte, daß mein Billett nur bis Zürich Gültigkeit habe.
Gut, sagte ich, dann möchte ich nachlösen, und schaute den Kondukteur prüfend an. Als ich in seinen Augen nichts Schalkhaftes entdeckte, fügte ich vorsichtig bei, bis Singapur.
Der Kondukteur ließ sich immer noch nichts anmerken, zog ein Tarifblatt aus seiner Tasche, tippte mit einem

Bleistift einige Felder darauf an, bewegte lautlos seine Lippen und sagte zum Schluß, das macht noch 1182 Franken.
Ich habe aber ein Halbtaxabonnement, sagte ich.
Sie haben recht, sagte der Kondukteur, das verbilligt natürlich die Strecke Zürich-Buchs, 1167.50 ist es dann noch.
Tja, sagte ich, wissen Sie was, ich steige doch lieber in Zürich aus.
Das geht leider nicht, sagte der Kondukteur, wir fahren über Zürich-Enge, ohne Halt.
Ohne Halt bis wohin?
Ohne Halt bis Singapur.
Jetzt wurde ich etwas unruhig.
Das ist ein Mißverständnis, sagte ich, ich will gar nicht nach Singapur.
Wieso sind Sie dann in diesen Zug gestiegen?
Einfach so, sagte ich, einfach so – Sie fahren doch nicht wahrhaftig nach Singapur?
Wohin denn sonst? sagte der Kondukteur, halten Sie uns für Betrüger? Ich habe mich schon vorbereitet, fuhr er fort und knöpfte seine Uniform über dem Gürtel ein bißchen auf, so daß man darunter ein khakifarbenes Hemd sah. Es kann sehr heiß werden, sagte er halblaut.
Ich habe mich überhaupt nicht vorbereitet! rief ich, indem ich von meinem Sitz sprang, ich habe nicht einmal einen Paß!
Sie haben keinen Paß? fragte der Kondukteur, das ist aber unangenehm, da wird man Sie in Singapur gleich wieder heimschicken.
Ich bleibe gleich daheim, sagte ich entschieden, man wird mich ja schon bei der Grenzkontrolle in Österreich nicht durchlassen, und setzte mich wieder, froh, daß mir dieses Argument in den Sinn gekommen war.
Es gibt keine Grenzkontrolle in Österreich, sagte der Kondukteur, die Wagen sind plombiert.

Ich konnte fast nichts sagen.
Heißt das, fing ich an, heißt das . . .
Ja, sagte der Kondukteur, die einzige Grenzkontrolle ist in Singapur. Bis dahin bleiben wir im Wagen.
Plötzlich drängte ich mich am Kondukteur vorbei, eilte zur Türe und zog, was ich sonst noch nie getan habe, die Notbremse. Sogleich ertönte im ganzen Wagen eine sanfte und tiefe Instrumentalmusik, zu der eine dünne Frauenstimme ein unverständliches Lied sang.
Wir haben alles getan, um unsern Reisenden die Fahrt angenehm zu machen, sagte der Kondukteur, der jetzt hinter mir stand. Wenn Sie zweimal ziehen, hören Sie das klassische Programm, und wenn Sie dreimal ziehen, Ländlermusik. Ein bißchen Heimat braucht man ja schon auf einer solchen Strecke.
Ich schaute an seinem breiten Lächeln vorbei, das mir mißfiel, und sah erst jetzt, daß dort, wo sich sonst die Gepäckträger der Wand nach ziehen, Schiebeschränke angebracht waren.
Die Betten, sagte der Kondukteur, der meinen Blick bemerkt hatte. Sie steigen hinauf, schieben die Tür hinter sich zu, und schon sind Sie wunderbar für sich. Es hat sogar, sagte er stolz, eine kleine Bibliothek bei jedem Sitz. Er zog an einer Armlehne, und es kam ein Regal mit ein paar Büchern heraus, hauptsächlich von Simmel, Konsalik und Frank Arnau. Essen, sagte er weiter, wird Ihnen dreimal täglich gebracht, für einen Speisewagen hat es noch nicht gereicht. Mit dem Wasser sollten wir etwas sparen, dafür hat es reichlich Feuchtwaschtüchlein.
Entschuldigen Sie, sagte ich, ich muß etwas frische Luft haben, und trat zu einem Fenster. Der Kondukteur trat auch herzu und sagte, Fenster können keine geöffnet werden, aber die automatische Lüftung funktioniert einwandfrei.
Lassen Sie mich bitte einen Moment allein, sagte ich.

Bitte sehr, sagte der Kondukteur, und ging zur Tür hinaus. Vom anderen Ende des Wagens her nahte sich nun langsam ein fetter Asiate mit einem kragenlosen weißen Hemd und einer Mütze, der ein blitzblankes, überall geschlossenes Metallwägelchen durch die leeren Reihen schob.

Ich riß die Tür auf und stieß auf den Kondukteur, der gleich dahinterstand. Fährt denn sonst niemand nach Singapur? fragte ich ihn.

Leider nicht, sagte er, Sie sind der einzige, der sich dazu entschlossen hat. Übrigens, Flückiger ist mein Name.

Später, als wir uns darauf geeinigt hatten, daß ich den fehlenden Billettbetrag durch meine Bank überweisen lassen würde, sobald wir in schätzungsweise drei Wochen in Singapur eingetroffen wären, und sich der Kondukteur mit seinem Tablett neben mich gesetzt hatte und mir während des Essens von seinem Interesse am Eiskunstlauf erzählte und der Asiate schweigend danebenstand, um uns nachzuschöpfen, wenn dies nötig wurde, und ich auf der andern Seite des Zürichsees die Kirchtürme von Herrliberg, Meilen und Uetikon erscheinen und wieder verschwinden sah, hatte ich zum erstenmal in meinem Leben Lust, einen Menschen umzubringen.

Das Fußballspiel

Nur gering war das Interesse für das Fußballspiel der Lebenden gegen die Toten. Die Lage war zu klar, der Favorit zu eindeutig, als daß das Spiel große Massen angezogen hätte, ja, genau genommen war ich sogar der einzige Zuschauer.

Es kam aber anders, als man hätte denken können.

Die Toten waren schon lang vor Beginn des Spiels so aufgestellt, daß sie im Feld keinen einzigen Mann stehen hatten, sondern so ins Tor eingepfercht waren, daß sie dieses vollkommen verriegelten.

Als nun das Spiel begann, rannten die Lebenden vergeblich gegen die Toten an, von denen jeder Ball wie von einer Mauer zurückflog. Die Lebenden konnten dribbeln und tänzeln und köpfeln soviel sie wollten, im Tor der Toten gab es keine Lücke.

In der Halbzeit, als sich die Lebenden in ihren Kabinen duschten, schob ein Mann in einem langen schwarzen Mantel die Toten auf einem Karren ins andere Tor und baute sie dort genau so auf wie vorher.

Nach der Pause änderten die Lebenden zunächst ihre Taktik; sie versuchten die Toten mit Witzen und Kapriolen zum Lachen zu bringen, kitzelten sie sogar, aber als die Toten genau so starr blieben, schossen sie wieder mit allen Kräften auf das gegnerische Tor, ohne daß ihnen allerdings ein Treffer gelang.

Kurz vor Schluß, als sich auch der Torwart der Lebenden mit einem Scharfschuß versuchte, prallte der Ball so stark von den Toten ab, daß er ins leere Tor der Lebenden flog, und das Spiel endete 1 : 0 für die Toten.

Als der Mann im langen schwarzen Mantel die Toten auf dem Karren vom Platz schob und ich den Captain der

Lebenden fragte, was er in Zukunft tun wolle, um solche Niederlagen zu verhindern, sagte er: »Wir werden wohl alle etwas stärker zusammenhalten müssen.«

Die drei Beobachter

Drei Freunde beschlossen einmal, von jetzt an alle etwas zu beobachten.
»Ich werde die Hirsche beobachten«, sagte der erste, »wo sie durchgehen, was sie fressen, was sie miteinander tun.«
Der zweite sagte: »Ich will die Sterne beobachten. Wie sie sich verschieben, wie sie entstehen und verlöschen, wie sie sich um andere Sterne drehen.«
»Und ich«, sagte der dritte, »ich will Häuser beobachten. Wie sie dastehen, wie sie ihre Farbe verändern, wie sie einstürzen.«
Da wunderten sich die andern beiden sehr und versuchten ihn von seinem Vorhaben abzubringen. Häuser, sagten sie, könne man doch nicht beobachten, auch sei ein Hauseinsturz etwas sehr Seltenes, und überhaupt werde er es mit dieser Tätigkeit nirgends hinbringen.
Der dritte ließ sich aber nicht davon abhalten, und so trennten sie sich und vereinbarten, daß sie sich nach zwölf Jahren wieder am selben Ort treffen wollten.
Als sie sich nach dieser Zeit wieder sahen, konnten die beiden ersten kaum warten, bis sie erzählt hatten, was aus ihnen geworden war, der eine war bereits ein bekannter Hirschforscher und der andere ein aufstrebender Astronome.
»Und du?« fragten sie den dritten, der alt aussah, »hast du deine Häuser beobachtet?«
»Ja«, sagte der dritte, »ich habe die ganze Zeit nichts anderes getan.«
»Und hast du je ein Haus einstürzen gesehen?« fragte der zweite.
»Nein«, sagte der dritte, »ich habe nie ein Haus einstürzen

gesehen, und ich habe es auch nicht zu etwas gebracht wie ihr. Trotzdem ist es geradezu unheimlich, was ich alles erlebt habe.«

Eine üble Gewohnheit

Ein Bekannter von mir hat eine Gewohnheit, die man nur als übel bezeichnen kann. Seine liebste Beschäftigung ist es nämlich, Erdbeeren zu zerquetschen. Dies tut er nicht etwa, um sie zu einem Mus zu verarbeiten oder sonstwie aufzuessen, sondern er läßt sie in diesem Zustand in seiner Wohnung liegen. Wo immer man seinen Fuß aufsetzt, tritt man auf zerquetschte Erdbeeren, auch wenn man sich auf einen Stuhl niederläßt, schaut man besser zuerst, ob auf der Sitzfläche nicht Erdbeeren kleben; manchmal legt er ein Kissen auf den Stuhl, auf dem keine Erdbeeren zu erkennen sind, hat man sich aber darauf gesetzt, merkt man an der Feuchte, daß das Kissen inwendig voll Erdbeeren ist, die man gerade durch das Draufsitzen zerquetscht hat, ein Vorgang, den mein Bekannter mit leicht vorgerecktem Hals und halb geöffneten Lippen zu verfolgen pflegt. Schlägt man bei ihm ein Buch auf, sind sicher irgendwo die Seiten durch eine eingetrocknete Erdbeere zusammengeklebt, will man bei ihm telefonieren, läßt sich die Wählscheibe nur mühsam drehen, weil zerquetschte Erdbeeren daruntergestopft sind, drückt man ihm zum Abschied die Hand, hat man nachher eine zerquetschte Erdbeere darin. Vorsicht ist geboten, wenn man bei ihm übernachten will. Er sieht zwar meistens davon ab, Erdbeeren zwischen die Leintücher zu stecken (das tut er nur bei sich selbst), aber dafür reicht er einem vielleicht eine Bettflasche, die sich ungewöhnlich schwer anfaßt, bis man draufkommt, daß sie mit heißen Erdbeeren gefüllt ist, ein Gefühl, bei dem sich fast nicht einschlafen läßt. Befremdend wirkt auch, daß er die einmal zerquetschten Erdbeeren nicht gleich beseitigt, sondern über längere Zeit hinweg so liegen läßt, wodurch es in der ganzen Wohnung ständig nach Schimmel riecht.

Was meinen Bekannten dazu geführt hat, eine solche Gewohnheit anzunehmen, weiß ich nicht, man kann mit ihm nicht darüber sprechen, im übrigen weiß ich auch nicht, wie es ihm zurzeit geht, denn im Moment, wo ich das schreibe, wird mir bewußt, daß ich ihn schon jahrelang nicht mehr besucht habe.

Eine waldreiche Geschichte

In der besten aller möglichen Welten, meine Lieben, in der besten aller möglichen Welten gibt es fast nur Bäume.
Ein Baum reiht sich an den andern, nichts als Bäume, Bäume und Bäume, so weit das Auge blickt. Ihr müßt euch vorstellen, daß dort, wo sonst eine Autobahn durchgeht, Bäume stehen, auch dort, wo sonst eine Turnhalle ist, wachsen einfach Bäume, und dort, wo gewöhnlich eine Münzpräganstalt steht, steht in der besten aller möglichen Welten keine Münzpräganstalt, sondern ein kleiner Wald.
Ist das eine Luft, sag ich euch! Ihr kennt die Frische eines Waldes, in den die Sonne schräg hineinscheint, durch das Grün des Laubes vielfach gebrochen, und wenn dazu die Vögel zwitschern . . . genau so muß es in der besten aller möglichen Welten sein. Vielleicht ist es nicht ganz so lichtvoll wie in einem gewöhnlichen Wald, denn dieser Wald wächst natürlich sehr stark, und an seiner Oberfläche spielt sich ein steter Kampf um die sonnigen Plätze ab. Die Blätter und Äste der verschiedenen Bäume verschränken sich dermaßen, daß kaum mehr Licht oder Regen durchdringt, und unten, in der Geborgenheit, rankt sich ein Stamm um den andern, da kommt es zu Querwüchsen und Verkeilungen, man sieht sogar Bäume, die ihre Wurzeln ins oberste Astwerk eines andern Baumes schlagen und abwärts wachsen. In die Wurzeln dieser kopfstehenden Bäume aber nisten sich neue Wurzeln von gewöhnlich wachsenden Bäumen ein, und so entsteht langsam über dem eigentlichen Wald ein zweiter Wald, und nichts spricht dagegen, daß mit der Zeit nicht noch weitere Wälder darüberwachsen.
Von den bei uns üblichen Tieren sind in der besten aller möglichen Welten viele ausgestorben, der Wolf konnte

nicht schnell genug laufen, weil er sich dauernd im Wurzelgeflecht verfing, die Hirsche blieben mit ihren Geweihen zwischen den Stämmen eingeklemmt, und die Elefanten sind richtiggehend zugewachsen, es erinnert nur noch hie und da eine rundliche Baumgruppe mit riesigen grauen Blättern an sie – es ist die Welt für wendige Tiere, die schlüpfen oder hüpfen können, der Waldrapp ist sehr verbreitet, auch die Baumeule und die Wurzelmaus sowie der lichtscheue Moosfrosch.

Menschen, das vergaß ich fast zu sagen, Menschen gibt es nur wenige in dieser Welt. Sie haben Mühe, sich zu finden und sind in der Form eher den Bäumen angeglichen, schlank und schmal, ihre Arme nehmen deutlich die Gestalt von Lianen an, und wenn sich einmal zwei gefunden haben, was selten vorkommt, weil sie meistens vereinzelt zwischen den Stämmen herumschleichen, wenn sich also zwei gefunden haben, schlingen sie ihre lianenartigen Arme umeinander und bleiben so stehen, ohne sich je wieder loszulassen. Bereits sind einige von ihnen fähig, Nahrung durch die Zehen aufzunehmen, und ihre Haare gleichen immer mehr kleinen Baumkronen.

Irgendwo aber, da bin ich sicher, irgendwo in dieser besten aller möglichen Welten sitzt ein Mann am Boden, ritzt mit einem Stein verworrene Pläne in eine Baumrinde und denkt Tag und Nacht über nichts anderes nach als über eine große Erfindung, die er Säge nennen wird.

Heißes Bratenfett

Der Versuch einer Hausfrau, heißes Bratenfett, statt es einfach in den Ausguß zu leeren, wo es mit den Abwässern die Kläranlage in einer, wie sie durch verschiedene Hinweise in Presseerzeugnissen wußte, unzumutbaren Weise belasten würde, in ein spezielles Glas zu schütten, welches nur dieses Bratenfett oder vielleicht, wenn noch Platz dazu wäre, später weitere Bratenfette enthalten würde und auch mit einem sogenannten Vakuumverschluß versehen war, der ein Herausfließen oder -tröpfeln selbst in Kopflage des Glases verunmöglichte, dieser Versuch ging kürzlich so aus, daß der Hausfrau, die sich übrigens durch die Bezeichnung Hausfrau nicht vollständig gekennzeichnet fühlte, indem sie auch Arbeiten verrichtete, die mit der Führung eines Hauses nichts zu tun hatten und vielleicht gerade dadurch Überlegungen wie derjenigen mit dem Bratenfett eher zugänglich war als eine Person, deren Interessen knapp außerhalb der Mauern, die sie behaust und behausbar macht, zu Ende gehen, daß also dieser Hausfrau, die wir im weiteren trotzdem Hausfrau nennen wollen, daß dieser Hausfrau, sage ich, das Umschütten des Bratensaftes aus der Bratpfanne in dieses Vakuumglas zwar gelang, und das ist schon keine Kleinigkeit, wenn man sich die regelmäßige, durch keinen Schnabel unterbrochene Rundung der Bratpfanne vorstellt, welche, zusammen mit dem Gewicht derselben, ein Zielen mit der Flüssigkeit äußerst schwierig macht, daß aber durch die Hitze des Bratenfettes das Glas zersprengt wurde, wenn auch so, daß der Boden des Glases mit den unteren Teilen der Glaswand als *ein* Stück erhalten blieb, in dem sich noch eine ansehnliche Menge des schon umgegossenen heißen Saftes befand, worauf die Hausfrau beschloß, diesen Saft trotzdem noch der vernünftigeren Vernichtung zuzuführen, mit andern Worten, den Saft nochmals umzuschütten, in ein neues, ganzes Glas, das man dann zur Verbrennung im Kehrichtwerk abgeben könnte, zusammen natürlich, damit sich der Gang lohnte, mit anderen, ähnlich aufbewahrten Öl- und Fettrückständen, und zu diesem Zweck die Bratpfanne aufs Abtropfbrett stellte, ein zweites Vakuumglas bereitmachte und dann mit Zeigefinger und Daumen der rechten Hand den Rest des ersten Glases ergriff, es aber mit einem Schrei sofort wieder fallenließ, weil es vom Bratensaft noch so heiß war, daß sie sich die beiden Finger schmerzhaft daran verbrannte, was zur Folge hatte, daß aller Bratensaft in den Ausguß floß und der Schüttstein voll von zum Teil fettigen Glassplittern war, die nun entfernt werden mußten, und daß sich die Hausfrau eine Wundsalbe auf die angesengten Stellen ihrer Haut tupfen mußte, aber das schlimmste war für sie, wie sie später sagte, der Gedanke, daß es auf das gleiche herausgekommen wäre, wenn sie den Bratensaft von Anfang an in den Ausguß geleert hätte, ohne sich dieser Haltung zu befleißen, welche ihr nun auf einmal nicht mehr verantwortungsbewußt, sondern rechthaberisch, ja lächerlich vorkam.

Eine ganz neue Erfindung

Die meisten Erfindungen sind darauf ausgerichtet, den Leuten eine bestimmte Mühe abzunehmen, ihnen eine Arbeit zu erleichtern, also eine Flaschenabfüllmaschine zum Beispiel nimmt den Leuten die langweilige Arbeit ab, Most in eine Flasche zu schütten und mit einem Deckel abzuschließen, und wo früher dreißig Leute ein Leben lang abfüllten und zuschraubten, steht jetzt nur noch einer und schaut der Maschine bei der Arbeit zu, vielleicht sitzt er sogar.

Heute ist es aber so, daß der eine oder andere ganz froh wäre, er könnte wieder Most abfüllen, nicht gerade ein Leben lang, aber sagen wir ein halbes Jahr oder auch ein ganzes, denn inzwischen sind so viele Erfindungen gemacht worden, daß sie den Leuten mehr Arbeit abgenommen haben als die Leute eigentlich abgenommen haben wollten. Deshalb ist es Zeit für eine andere Art von Erfindungen, Erfindungen nämlich, die den Leuten Arbeit bringen statt sie ihnen abzunehmen, und ich habe damit den Anfang gemacht, indem ich eine neue Bleistiftspitzmaschine erfunden habe.

Nun gibt es an sich schon Bleistiftspitzmaschinen, und meine Bleistiftspitzmaschine sieht vorne auch genau so aus wie alle andern Bleistiftspitzmaschinen, die Neuerung beginnt erst beim Hebel, mit dem man den Bleistift gegen das Spitzwerk dreht. Dieser Hebel ist bei mir nicht vorhanden, sondern an seiner Stelle befindet sich eine Turnhalle. Die eine Hälfte dieser Turnhalle, die vordere nämlich, wird von einer Konstruktion aus Zahnrädern und Transmissionsriemen ausgefüllt, die zweite Hälfte nimmt ein Trampolin ein, das sich in Bodennähe befindet. Um dieses Trampolin herum führt in erhöhter Lage ein Laufsteg für ca. 30 Personen. Wird nun vorn ein Bleistift in die Maschine eingeführt, so löst das in der Turnhalle ein Tonband aus, auf welchem eine aufmunternde Stimme »Hoppla!« ruft. Auf dieses »Hoppla!« springen alle 30 Personen auf das Trampolin, werden gegen die Decke der Turnhalle geschleudert und ergreifen dort einen mit der Maschine verbundenen Balken. Durch das Gewicht der gleichzeitig anfassenden 30 Personen wird der Balken langsam heruntergedrückt und setzt das ganze vielrädrige Übertragungswerk in Gang, welches so berechnet ist, daß bei der Ankunft des Balkens knapp über Trampolinhöhe der eingeführte Bleistift gespitzt ist. Die 30 Personen lassen den Balken los, gelangen über Kletterstangen wieder auf den Laufsteg, der Balken wird hydraulisch auf seinen Ausgangspunkt gehoben, und die Maschine ist bereit für den nächsten Bleistift.

Wenn nun jemand einwendet, diese Maschine werde sich gegenüber dem normalen Bleistiftspitzer nicht durchsetzen können, da man eine Turnhalle mieten und 30 Leute bezahlen muß, um einen Bleistift spitzen zu können, so möchte ich ihm nur sagen, daß solcherart die Maschinen der Zukunft beschaffen sein werden, ob es ihm paßt oder nicht, und daß ich mehr als einen Menschen kenne, der lieber ein paarmal am Tag auf ein Trampolin springen würde als an einer Drehbank irgendwelche Bestandteile herzustellen, zum Beispiel für eine Bleistiftspitzmaschine.

Der Liederhörer

Eines Tages hatten alle Festivals, Sängertreffen und Workshops ihre kreativitätsfördernde Wirkung getan, und es gab so viele Liedermacher, daß niemand mehr übrigblieb, um die Lieder zu hören. Jeder besaß eine Gitarre, jeder beherrschte die einfachsten Griffe, jeder verfügte über einige Reimwörter, aus denen er ein paar Strophen basteln konnte, und wenn er selbst keine zustande brachte, sang er die seines Nachbarn oder die seiner Vorbilder.

Das war die Zeit, als der lange Ulli Linnenbrink aus Kreuzberg plötzlich bekannt wurde, weil er eine ganz außergewöhnliche Fähigkeit hatte: Er konnte Lieder hören. Er hatte eine Art, dazusitzen und dem, der Lieder sang, mit übereinandergeschlagenen Beinen, mit leicht gefalteten Händen und verständnisvollem Gesichtsausdruck zuzuhören, die jeden Liedersänger zu Höchstleistungen antrieb. Hatte er sein Talent anfänglich nur in kleinem Kreise, vor Freunden und Kollegen und ab und zu in einer Kreuzberger Kneipe zur Geltung gebracht, wurde bald ein namhafter Liedersänger auf den begabten jungen Mann aufmerksam, und nun ließ sich sein Aufstieg nicht mehr verhindern. Bald trat er in großen Theatern auf, er setzte sich auf die Bühne, und der ganze Saal war voller Liedermacher, von denen ihm jeder ein Lied vorsingen durfte, zu dem Ulli dann nickte und manchmal auch applaudierte, was für den Betreffenden ein großer Erfolg war. In welcher Stadt auch immer die Plakate »Ulli Linnenbrink hört Lieder!« hingen, die Liedermacher rissen sich die Karten aus den Händen. Linnenbrinks erste Platte, auf der er nur leise atmete und gelegentlich etwas Beifall klatschte oder »Das war aber sehr schön« sagte, wurde ein Erfolg, der jede Liedermacher-Platte in den

Schatten stellte. »Und wie«, fragte man ihn in einem Playboy-Interview, »wie sind Sie auf die Idee gekommen, Lieder zu hören?«

»Tja«, sagte Linnenbrink, »das kam so –«, und dann erzählte er eine Geschichte von einer Gitarre, die ihm kaputtgegangen sei, worauf ihm aus Geldmangel nichts anderes übriggeblieben sei, als den andern zuzuhören. Diese Geschichte war erfunden, da sie sich einfach gut machte, in Wirklichkeit hatte Ulli Linnenbrink nie Gitarre gespielt und wußte auch nicht mehr, wie er draufgekommen war, Lieder zu hören, weil es ihn gar nichts besonderes dünkte.

Natürlich fand er viele Nachahmer, die auch zu ihm in Kurse kamen, aber seltsamerweise minderte das den Ruhm und den Erfolg Linnenbrinks keineswegs. Darauf angesprochen, pflegte Ulli nur mit dem Kopf zu nicken und zu sagen: »Tja, es ist schon so, Lieder*machen* ist keine Kunst, aber Lieder*hören* kann nicht jeder.«

Die Reinigung

In eine Wäscherei kam einmal ein Mann und brachte eine Hose, die einer gründlichen Reinigung bedurfte, denn sie war durch und durch schwarz vor Schmutz. Als er sie wieder abholen wollte, reichte ihm die Verkäuferin eine Plastiktasche und sagte, mehr sei von der Hose nicht übriggeblieben.

»Die ist ja leer!« sagte der Mann.

»Ja«, sagte die Verkäuferin, »dafür ist dieser entsetzliche Dreck weg.«

»Da haben Sie recht«, sagte der Mann, nahm die Tasche, bezahlte die Rechnung und ging.

Der Verkäufer und der Elch

Kennt ihr das Sprichwort »Dem Elch eine Gasmaske verkaufen«?

Das sagt man in Schweden von jemandem, der sehr tüchtig ist, und ich möchte jetzt erzählen, wie es zu diesem Sprichwort gekommen ist.

Es gab einmal einen Verkäufer, der war dafür berühmt, daß er allen alles verkaufen konnte.

Er hatte schon einem Zahnarzt eine Zahnbürste verkauft, einem Bäcker ein Brot und einem Obstbauern eine Kiste Äpfel.

»Ein wirklich guter Verkäufer bist du aber erst«, sagten seine Freunde zu ihm, »wenn du einem Elch eine Gasmaske verkaufst.«

Da ging der Verkäufer so weit nach Norden, bis er in einen Wald kam, in dem nur Elche wohnten.

»Guten Tag«, sagte er zum ersten Elch, den er traf, »Sie brauchen bestimmt eine Gasmaske.«

»Wozu?« fragte der Elch. »Die Luft ist gut hier.«

»Alle haben heutzutage eine Gasmaske«, sagte der Verkäufer.

»Es tut mir leid«, sagte der Elch, »aber ich brauche keine.«

»Warten Sie nur«, sagte der Verkäufer, »Sie brauchen schon noch eine.«

Und wenig später begann er mitten in dem Wald, in dem nur Elche wohnten, eine Fabrik zu bauen.

»Bist du wahnsinnig?« fragten seine Freunde.

»Nein«, sagte er, »ich will nur dem Elch eine Gasmaske verkaufen.«

Als die Fabrik fertig war, stiegen soviel giftige Abgase aus dem Schornstein, daß der Elch bald zum Verkäufer kam und zu ihm sagte: »Jetzt brauche ich eine Gasmaske.«

»Das habe ich gedacht«, sagte der Verkäufer und verkaufte ihm sofort eine. »Qualitätsware!« sagte er lustig.
»Die andern Elche«, sagte der Elch, »brauchen jetzt auch Gasmasken. Hast du noch mehr?« (Elche kennen die Höflichkeitsform mit »Sie« nicht.)
»Da habt ihr Glück«, sagte der Verkäufer, »ich habe noch Tausende.«
»Übrigens«, sagte der Elch, »was machst du in deiner Fabrik?«
»Gasmasken«, sagte der Verkäufer.

P.S. Ich weiß doch nicht genau, ob es ein schwedisches oder ein schweizerisches Sprichwort ist, aber die beiden Länder werden ja oft verwechselt.

Die Riesen im Parkhaus

Drei Riesen gingen einmal in ein Parkhaus.
»Ich gehe ins Parterre«, sagte der erste.
»Ich in den ersten Stock«, sagte der zweite.
»Ich in den zweiten«, sagte der dritte.
Dann nahm jeder eine schwere Eisenstange, ging in seinen Stock und zertrümmerte alle Autos, die dort abgestellt waren.
Nachher trafen sie sich am Ausgang, gingen zusammen fort und kamen nie wieder.

Die Befreiung

»Da bin ich!« rief der Prinz, als er mit seinem Schwert im Dornenhain auftauchte, »komm mit!«
»Wohin?« sagte die Prinzessin und richtete sich langsam von ihrem Lager aus Jutesäcken auf.
»In die Freiheit! Rasch!« sagte der Prinz, indem er sich mit dem Ärmel das Blut aus dem Gesicht wischte. »Ich habe mir, als ich den Drachen wegfliegen sah, einen Gang durch die Dornen gehauen. Komm mit, bevor er wieder da ist!«
»Wieso?« fragte die Prinzessin.
»Wie kannst du so etwas fragen?« sagte der Prinz. »Draußen ist die Freiheit, das Leben, die Freude. Du kannst wieder in einem richtigen Bett schlafen, dich waschen und kämmen und schön anziehen.«
Und er blickte auf die Bettstelle der Prinzessin und auf ihr zerrissenes Kleid, unter dem überall die Haut zu sehen war, mit einem rötlichen Ausschlag, der über den ganzen Körper zu gehen schien.
»Ich liebe den Drachen«, sagte die Prinzessin.
Der Prinz war fassungslos. »Was? Dieses garstige, ruppige, schuppige Vieh?«
»Ja«, sagte die Prinzessin. »Er kann fliegen, und wir lieben uns immer in der Luft. Das Gefühl, wenn ich hoch oben schwebe, mich an ihn klammere und er mir sein feuriges Glied zwischen die Schenkel treibt, ist unbeschreiblich.«
»Es gibt doch noch anderes«, sagte der Prinz.
»Ja«, sagte die Prinzessin, »aber es ist alles nichts gegen dieses eine Gefühl.« Und sie sah ohne Mitleid zu, wie der Drache, der soeben zurückgekehrt war, den Prinzen zertrat.
»Komm«, sagte sie zum Drachen, »komm, wir wollen fliegen.«
Sie umarmte ihn, und zusammen erhoben sie sich in die Luft.

Der Eisberg in der Hölle

Ein Eisberg kam nach seinem Tod in die Hölle, weil er einmal zwei Schiffbrüchige abgeworfen hatte.
»Soo«, sagte der Teufel händereibend, »was machen wir denn mit Ihnen?«
»Alles, nur nicht schmelzen lassen«, sagte der Eisberg zitternd.
Der Teufel setzte ihn höhnisch auf ein Förderband, das ihn in einen Kessel plumpsen ließ, unter dem ein munteres Holzkohlenfeuerchen glomm.
Als der Eisberg unter Höllenqualen geschmolzen war, wurde der Kessel über eine Hängeschiene in ein Kühlhaus gefahren und so lange dort gelassen, bis aus dem geschmolzenen Wasser wieder ein Eisberg wurde, worauf er erneut über das Feuer gehängt wurde, bis er wieder geschmolzen war, und so ging das nun während Jahren.
Da sich aber die Eisbergmoleküle durch den ständigen Wechsel des Aggregatszustandes sehr schnell verändern, hatte der Eisberg bald jede Erinnerung an seine Vergangenheit verloren.
»Hallo«, rief er dem Teufel zu, als er ihn einmal mit einem Thermometer an seinem Kessel vorbeigehen sah, »worum geht es hier eigentlich?«
»Weiß ich doch nicht«, sagte der Teufel, denn auch seine Moleküle veränderten sich durch die herrschende Hitze so stark, daß er jeweils schon nach kurzer Zeit ein ganz anderer wurde.
»Können Sie mich hier nicht rauslassen?« fragte der Eisberg.
»Nein«, sagte der Teufel und schüttete noch einige Kohlen nach, »ich muß nur dafür sorgen, daß die Temperatur stimmt.«

Er blickte wieder auf sein Thermometer und ging zufrieden nickend weiter, während der Eisberg stöhnend schmolz.

Der Gärtner

Es war einmal ein Gärtner, der war dafür bekannt, daß er einen steinernen Hintern hatte.
Viele Leute besuchten ihn deswegen, tasteten, während er die Beete begoß, sein Gesäß ab oder tätschelten ihn verstohlen drauf, wenn er im Treibhaus stand. »Es ist nicht zu fassen«, sagten sie dann zueinander, »der hat tatsächlich einen Hintern aus Stein.«
Von seinen Blumen aber sprach nie jemand.

Das neue Alphabet

Bullinger hieß er, jener Apotheker, der den größten Teil seiner Freizeit mit dem Studium der Schriften zubrachte. Sie waren ihm alle geläufig, alle, das Sanskrit, das Arabische, das Hindi und das Tibetische, das Japanische wie auch das Chinesische, und je länger er sich in die Zeichen und Formen vertiefte, die der menschliche Erfindungsgeist sich in allen Gegenden der Welt ausgedacht hatte, um Laute, Silben und Wörter ungesprochen mitzuteilen, desto mehr kam er zur Überzeugung, daß die abendländische Schrift eine der armseligsten dieses Erdballs war. »Menschlicher Erfindungsgeist – was ist das? Das kann doch *ich* sein!« dachte er schließlich und nahm sich vor, für die europäischen Sprachen eine neue Schrift zu schaffen.

So etwas braucht Zeit und Einsatz, er übergab die Führung seiner Apotheke einer Verkäuferin und zog sich für einige Zeit zurück, um sich ganz der Entwicklung dieser Schrift widmen zu können. Nach einem halben Jahr war er soweit, daß er den Buchstaben A neu erfunden hatte – es war ein Zeichen, das für sein ganzes Alphabet richtungweisend sein sollte. Nach einem links oben ansetzenden Kreis stürzte sich die Linie in einen steilen Abgrund, aus dem sie mit Schwung wieder hochkam, dieses Ereignis mit einem erneuten kleinen Abstieg feierte, einem Hüpfer fast, von dem es dann halbschräg aufwärts ging bis zu einem Punkt, der ungefähr auf der Höhe des Kreises lag, und dort war der Auftakt zum Schlußbogen, der etwa die Form einer Klammer hatte und nochmals die ganze Amplitude des Buchstabens bestrich, einer Klammer allerdings, die nicht gegen den Buchstaben gerichtet war, sondern vom Buchstaben weg, die also im Abschließen gewissermaßen den nächsten Buchstaben schon umfaßte.

Bullinger notierte dieses Zeichen mit weißer Kreide auf ein rotes Schiefertäfelchen und schickte eine Fotografie davon an die UNESCO mit der Bitte um einen Unterstützungsbeitrag. In einem Brief schilderte er seine Absicht und legte auch dar, daß er bei gleichbleibendem Arbeitstempo für die Entwicklung eines vollständigen Alphabets circa 11 Jahre benötigen werde, eine Zeit, die er nicht ohne finanziellen Zuschuß überstehen könnte.

Die Antwort von der UNESCO kam ziemlich bald. In einer Zeit, hieß es darin, da die komplizierten Schriften, wie das Chinesische und das Japanische, vereinfacht würden, um sie den Leuten besser zugänglich zu machen und ihnen die Bildung zu erleichtern, gehe es nicht an, die einfachen Schriften kompliziert zu machen, und deshalb sei an eine Unterstützung seiner Arbeit gar nicht zu denken, ja, was er da tue, hielten sie für grundsätzlich falsch.

Daran hatte Bullinger nicht gedacht – ihm war es darum gegangen, mit seiner Schrift eine Synthese zwischen dem Abendland und den anderen Kulturen zu schaffen, eine Synthese, auf Grund derer sich die Völker hätten näherkommen sollen, aber er sah ein, daß der UNESCO-Beamte wahrscheinlich recht hatte und kehrte wieder in seine Apotheke zurück, was auch höchste Zeit war, denn die Verkäuferin hatte schon damit begonnen, nur noch die gutgehenden Artikel zu führen und die selten gefragten ausgehen zu lassen, und das wäre auf die Dauer das Ende der Apotheke gewesen.

Eine Flugzeuggeschichte

In einem Flugzeug löschten während eines sehr unruhigen Fluges plötzlich drei Buchstaben einer Leuchtschrift aus. Die Aufforderung NO SMOKING hieß jetzt NO KING. Dem schenkte niemand Beachtung, bis die Passagiere bemerkten, daß trotz der Ankündigung, man werde jetzt bald landen, das Flugzeug nicht landete. Einigen Leuten schien es, der Ankunftsort sei erreicht, und sie glaubten ihn bereits tief unter sich wahrzunehmen, tiefer unten, als die Stadt eigentlich bei einem Anflug hätte sein müssen. Es machte sich jetzt auch eine gewisse Hast unter den Stewardessen bemerklich, man sah, daß sich zwei etwas zuflüsterten und sich dann die dritte zur Pilotenkabine begab. Als sie wieder herauskam, war sie sehr bleich, und ihre Lippen zitterten, als sie sagte: »Ist zufällig ein König unter den Passagieren?« In der ersten Klasse erhob sich ein kleiner, dunkler, kraushaariger Herr mit einer goldumrandeten Brille und stellte sich als König eines afrikanischen Landes vor, das wie Basotho oder Basoko tönte. Die Stewardeß bat ihn, mit ihr nach hinten zu kommen. Dort sprach sie sehr eindringlich mit ihm, aber so leise, daß niemand verstand, was sie sagte. Man sah nur, wie sich gleich darauf eine Luke im Boden öffnete, durch die der König in aufrechter Haltung, wenn auch mit etwas traurigem Blick, hinaussprang.
Hierauf fiel die Leuchtschrift ganz aus, und das Flugzeug landete mit geringer Verspätung an dem zur Ankunft vorgesehenen Ort.

Die Karawane

Noch nie hatte ich so tief in den Milchkrug hineingeschaut wie diesmal, als ich ihn so gründlich reinigen wollte, daß auch die weißen Ringe im Innern verschwänden, die sich in Bodennähe von stehengelassener Milch gebildet hatten. Deshalb war mir auch noch nie aufgefallen, daß sich am Boden des Krugs eine Sandwüste ausdehnte, auf die ich wie aus einem Flugzeug hinunterblickte.
Zwischen den vielen Dünen, die einem erstarrten Gewässer glichen, bemerkte ich plötzlich eine Karawane, die sich langsam vorwärts bewegte. Ich flog etwas tiefer und sah, daß es eine Kamelkarawane sein mußte, deutlich waren die langen Hälse der Tiere zu erkennen, die sich zähelastisch im Rhythmus ihres Ganges vor und zurückbewegten.
Zwei Kameltreiberfiguren schritten mit, der eine vor der Karawane her und der andere am Schluß derselben, in langen weißen Mänteln, welche im Winde flatterten, der hier trotz des hellblauen Wetters ziemlich scharf zu sein schien. Gerade wollte ich mich daranmachen, die Last der Kamele genauer zu betrachten, da hörte ich, wie der rückwärtige Kameltreiber dem vorderen etwas zurief, das außerordentlich erregt tönte.
Beide warfen sich zu Boden, und im selben Moment fiel von hinten eine Elefantenherde über die Kamelkarawane her, trampelte sie nieder, und jeder Elefant fraß mit großer Geschwindigkeit ein Kamel auf. Dann trotteten die Elefanten gemächlich davon, die Kameltreiber hoben ihre Köpfe und fanden sich in der Wüste allein mit den Elfenbeinschnitzereien, die aus den zerfetzten Stoffballen in den Sand gefallen waren.
Ich hob meinen Kopf vom Milchkrug hoch, schaute dann wieder hinein, aber die Wüste war verschwunden.

Ich wußte, es war unmöglich, daß sich so etwas auf dem Boden eines Milchkrugs ereignet.
Trotzdem habe ich es gesehen.

Der Skarabäus

Ein junger Holzfäller wollte sich einmal, nachdem er im Bergwald einen Baum umgesägt hatte, etwas ausruhen und setzte sich auf einen Felsblock, der in der Nähe lag. Sogleich sprang er wieder auf, denn er merkte, daß er sich auf etwas Lebendiges gesetzt hatte, das nun davonkroch. Es war ein Wesen mit sechs Füßen, einem enormen, fell- und flügellosen Rumpf und einem Kopf, der in eine spitze Schnauze ohne sichtbaren Mund auslief.

Dieses Wesen, das größer war als der Holzfäller selbst, zwängte sich rückwärts in eine Höhle am Fuß der Fluh, blieb gleich hinter dem Eingang sitzen und starrte hinaus.

Der Holzfäller rannte in sein Dorf, holte sein Gewehr und erzählte den andern, die er antraf, was er gesehen hatte. Einige seiner Freunde nahmen nun ebenfalls ihr Gewehr mit und begaben sich zu der Höhle, in welche sich das Wesen geflüchtet hatte.

Als sie es dort nicht mehr sahen, schossen sie ein paarmal ins Dunkle hinein, aber auch dann regte sich nichts, und schließlich gingen die andern wieder nach Hause und lachten den Holzfäller aus.

Von diesem Tag an ging es aber schlecht im Dorf. Fast jedem Bauern starb ein Rind oder ein Schwein, die Gemüsegärten wurden von Schnecken überfallen und zerfressen, Raubvögel begannen kleine Kinder anzugreifen, steile Straßenstücke rutschten plötzlich in die Tiefe, und in den Wäldern begannen die Tannenbäume umzustürzen, daß Tag und Nacht ein Krachen in der Luft lag. Aus dem Telefonapparat auf der Post quoll eine grünliche Salbe, die Leute mußten nachts aus ihren Betten rennen und erbrechen, und eines Morgens tauchte ein Rudel Wölfe auf dem Friedhof auf, trabte lautlos durch die Hauptstraße und verschwand am Ende des Dorfes im Wald.

Nun verließen alle Bewohner das Dorf, zogen entweder zu Verwandten oder Freunden oder versuchten anderswo ein neues Leben anzufangen. Der Holzfäller wanderte nach Asien aus und kehrte nie mehr zurück. Er war gerade daran, sein Erlebnis allmählich zu vergessen, als er einmal ein Museum betrat und dort eine Skulptur sah, welche das Tier darstellte, das er damals gesehen hatte. Es war genau gleich groß, nur war es aus Stein, und darunter stand: Skarabäus. »Jetzt weiß ich, was ich hätte anders machen sollen!« rief der Holzfäller laut, bevor der Skarabäus durch die zersplitternde Scheibe kroch und ihm mit seinen zwei vordersten Füßen den Kopf abriß.

Ein erschreckender Anblick

Als Herr Direktor J., bevor er von zu Hause wegging, noch rasch in den Spiegel seines Korridors schaute, erschrak er.
Sein Anzug war zwar in Ordnung, auch die Krawatte saß, aber dort, wo sonst sein Gesicht war, sah er einen Wasserhahn.
Das muß eine Täuschung sein, dachte Herr J. und wollte sich ins rechte Ohr kneifen, aber statt dessen drehte er das heiße Wasser auf, das sich nun in einem vollen Strahl auf sein Hemd ergoß.
Mit einem Aufschrei schloß er den Hahn wieder, und in dem Moment sah er, daß er sich wirklich getäuscht hatte – im Spiegel war sein normales Gesicht, und auch als er es mit den Händen abtastete, änderte sich nichts mehr, von einem Wasserhahn konnte keine Rede sein.
Beruhigt wandte sich Herr Direktor J. der Türe zu, da merkte er, daß er so nicht gehen konnte. Sein Anzug war durch und durch naß, und unter dem Hemd spürte er einen brennenden Schmerz, der langsam stärker wurde.

Der Sonderling

Er war keine alltägliche Erscheinung. Schon von weitem sah man ihm an, daß er eigentlich ein anderer war. War es der Buckel, der ihm aus dem linken Schulterblatt über den Kopf hinauswuchs und auf dem sich ein Zwergreiherpaar eingenistet hatte, welches jeden, der sich nähern wollte, mit langen Schreien vertrieb? Oder war es sein Gang, der bei aller Behendigkeit etwas Hinkendes hatte, was vielleicht daher kam, daß sein rechtes Bein ein Krokodilsschwanz war? Möglicherweise war es auch der Unterleib einer Nixe, die sich in seinem bis über die Knie reichenden Fellmantel versteckte. Genau konnte man es nicht sagen, denn die Reiher ließen niemanden nahe heran, und auch wenn man einen Feldstecher auf ihn richtete, erkannte man ganz unterschiedliche Einzelheiten. So schien es einem manchmal, seine Ellenbogen seien mit Schildkrötenpanzern überzogen, und aus seiner Brust, die immer halb entblößt war, schauten zwei Schweineschnauzen. Um den Gürtel herum war der Mantel stark gewölbt und in ständiger Bewegung, bei günstigem Wind trug es einem Pferdegetrappel an die Ohren, und man vernahm Zurufen und Klatschen einer großen Menschenmenge. Von ihm selber allerdings hat nie jemand etwas anderes gehört als die krächzende Ermunterung: »Hopp, meine Bären!« Seinen Mund bekam man kaum zu sehen, weil er unter dem Elefantenrüssel, der seine Nase war, stets verdeckt blieb. Seine Haare waren nicht eigentlich Haare, sondern ein Nest von Blindschleichen, aus dem sich die Zwergreiher von Zeit zu Zeit eine herauszerrten. Das waren die Momente, in denen man den Sonderling röhren hörte wie einen Hirsch. Dann ließen die Leute, die ihn von ihren Booten aus beobachteten, wie er an der Mündung des Kanals hin und herging, die Feldstecher sinken und packten ihre Ruder. Einige sagten auch, sie hätten seine Augen gesehen. Sie seien lid- und wimpernlos, und wenn man den Feldstecher ganz scharf einstelle, dann seien es zwei Weltkugeln, die sich im Kopf des Sonderlings um sich selbst drehten.

Auch sein Domizil ist ungewöhnlich. Er hält sich nicht in Häusern, Dörfern und Städten auf wie wir, sondern haust zwischen zwei Buchdeckeln, und er lebt eigentlich nur, wenn man das Buch unvermittelt aufschlägt. Manche aber, die das Buch aufgeschlagen haben, sagen, daß er seither auch bei ihnen lebe, und es scheint, daß er im Begriff ist, seinen bisherigen Wohnort zu verlassen und nach und nach in die Gehirne der Leute einzudringen.

Die plötzliche Fläche

Ich könnte mir eine Fläche vorstellen, eine plötzlich erscheinende, welche etwa die Form eines Schachbrettes hätte und ohne jeden Grund über einer blühenden Wiese schweben würde, größer wäre allerdings als ein Schachbrett, so groß fast wie ein Küchenboden, und aus dieser Fläche stiege nun ein weißer Bluthund empor, nicht etwa so, daß er von der Wiese aus die schwebende Fläche durchstieße, sondern er stiege aus der Fläche selbst herauf, im hinteren linken Winkel derselben, und käme dann zögernd auf den Betrachter zu, der auch gleich bemerken würde, daß diesem Bluthund eines seiner vorderen Beine fehlte, aber bevor das Tier winselnd am Rand des Schachbrettbodens angelangt wäre, erhöbe sich aus der Fläche eine Tuchschere von selten gesehener Größe, stellte sich in geringer Entfernung vom Bluthund auf, mit leicht geöffneten Klingen, die im Sonnenschein funkelten, denn Sonnenschein läge über der ganzen Szene, worauf der Hund sich zu ducken begänne, zitternd, auch ging sein Winseln in Knurren über, und aus dem Stumpf seines fehlenden Beines wüchse nun zum Entsetzen des weißen Bluthundes, dem sich ob dieses Anblicks die dünnen Haare aufrichteten, eine Otter, welche ihn, indem sie giftig gegen ihn züngelte, zur Flucht vor sich selbst antriebe, zur Flucht, die aber sinnlos wäre, da er ja das Verhängnis an seinem eigenen Bein mitschleppte, ein Zustand, aus dem ihn jetzt die Tuchschere von selten gesehener Größe durch ein schnelles Zuschnappen befreite, wodurch der Hund vor Schmerz halb irre würde, er müßte sich dauernd die neuerliche Wunde lecken, während die Tuchschere der Otter auch noch den Kopf abschnitte, worauf die Schlange sofort zu Dunst zerfiele, der weiße Bluthund sich wieder in den schwebenden Boden verkröche und nichts auf der Fläche bliebe außer der Tuchschere, welche nun, über der sanft vom Wind gestreichelten Wiese, langsam gegen den Betrachter zu käme.

Inhalt

Ein eigenartiger Tag	5
Die Asamkirche	12
Die Hochzeit	16
Heute	21
Wie ich lebe	24
Der Rest des Tages	26
Erlebnis	28
Chicago	30
Der Anfall	33
Morgen im Spital	34
Abend im Spital	35
Herbst	36
Aufenthalt in Karlsruhe	38
Ein temporeicher Vormittag	41
Der Leuchter	46
66 Fragen	49
Theaterpause	53
Die Hinrichtung	56
Der Abstecher	57
Das Fußballspiel	61
Die drei Beobachter	63
Eine üble Gewohnheit	65
Eine waldreiche Geschichte	67
Heißes Bratenfett	69
Eine ganz neue Erfindung	71
Der Liederhörer	73
Die Reinigung	75
Der Verkäufer und der Elch	76
Die Riesen im Parkhaus	78
Die Befreiung	79
Der Eisberg in der Hölle	80
Der Gärtner	82

Das neue Alphabet 83
Eine Flugzeuggeschichte 85
Die Karawane 86
Der Skarabäus 88
Ein erschreckender Anblick 90
Der Sonderling 91
Die plötzliche Fläche 93